# 文献大成之作

鹿军士 主编

汕头大学出版社

## 图书在版编目（CIP）数据

文献大成之作 / 鹿军士主编. -- 汕头 ： 汕头大学
出版社，2016.1（2023.8重印）
　　（博大精深汉语）
　　ISBN 978-7-5658-2365-7

　　Ⅰ．①文… Ⅱ．①鹿… Ⅲ．①古籍－介绍－中国
Ⅳ．①Z835

中国版本图书馆CIP数据核字(2016)第015761号

文献大成之作　　　　WENXIAN DACHENG ZHIZUO

主　　编：鹿军士
责任编辑：邹　峰
责任技编：黄东生
封面设计：大华文苑
出版发行：汕头大学出版社
　　　　　广东省汕头市大学路243号汕头大学校园内　邮政编码：515063
电　　话：0754-82904613
印　　刷：三河市嵩川印刷有限公司
开　　本：690mm×960mm　1/16
印　　张：8
字　　数：98千字
版　　次：2016年1月第1版
印　　次：2023年8月第4次印刷
定　　价：39.80元
ISBN 978-7-5658-2365-7

# 前言

党的十八大报告指出："把生态文明建设放在突出地位，融入经济建设、政治建设、文化建设、社会建设各方面和全过程，努力建设美丽中国，实现中华民族永续发展。"

可见，美丽中国，是环境之美、时代之美、生活之美、社会之美、百姓之美的总和。生态文明与美丽中国紧密相连，建设美丽中国，其核心就是要按照生态文明要求，通过生态、经济、政治、文化以及社会建设，实现生态良好、经济繁荣、政治和谐以及人民幸福。

悠久的中华文明历史，从来就蕴含着深刻的发展智慧，其中一个重要特征就是强调人与自然的和谐统一，就是把我们人类看作自然世界的和谐组成部分。在新的时期，我们提出尊重自然、顺应自然、保护自然，这是对中华文明的大力弘扬，我们要用勤劳智慧的双手建设美丽中国，实现我们民族永续发展的中国梦想。

因此，美丽中国不仅表现在江山如此多娇方面，更表现在丰富的大美文化内涵方面。中华大地孕育了中华文化，中华文化是中华大地之魂，二者完美地结合，铸就了真正的美丽中国。中华文化源远流长，滚滚黄河、滔滔长江，是最直接的源头。这两大文化浪涛经过千百年冲刷洗礼和不断交流、融合以及沉淀，最终形成了求同存异、兼收并蓄的最辉煌最灿烂的中华文明。

五千年来，薪火相传，一脉相承，伟大的中华文化是世界上唯一绵延不绝而从没中断的古老文化，并始终充满了生机与活力，其根本的原因在于具有强大的包容性和广博性，并充分展现了顽强的生命力和神奇的文化奇观。中华文化的力量，已经深深熔铸到我们的生命力、创造力和凝聚力中，是我们民族的基因。中华民族的精神，也已深深植根于绵延数千年的优秀文化传统之中，是我们的根和魂。

　　中国文化博大精深，是中华各族人民五千年来创造、传承下来的物质文明和精神文明的总和，其内容包罗万象，浩若星汉，具有很强文化纵深，蕴含丰富宝藏。传承和弘扬优秀民族文化传统，保护民族文化遗产，建设更加优秀的新的中华文化，这是建设美丽中国的根本。

　　总之，要建设美丽的中国，实现中华文化伟大复兴，首先要站在传统文化前沿，薪火相传，一脉相承，宏扬和发展五千年来优秀的、光明的、先进的、科学的、文明的和自豪的文化，融合古今中外一切文化精华，构建具有中国特色的现代民族文化，向世界和未来展示中华民族的文化力量、文化价值与文化风采，让美丽中国更加辉煌出彩。

　　为此，在有关部门和专家指导下，我们收集整理了大量古今资料和最新研究成果，特别编撰了本套大型丛书。主要包括万里锦绣河山、悠久文明历史、独特地域风采、深厚建筑古蕴、名胜古迹奇观、珍贵物宝天华、博大精深汉语、千秋辉煌美术、绝美歌舞戏剧、淳朴民风习俗等，充分显示了美丽中国的中华民族厚重文化底蕴和强大民族凝聚力，具有极强系统性、广博性和规模性。

　　本套丛书唯美展现，美不胜收，语言通俗，图文并茂，形象直观，古风古雅，具有很强可读性、欣赏性和知识性，能够让广大读者全面感受到美丽中国丰富内涵的方方面面，能够增强民族自尊心和文化自豪感，并能很好继承和弘扬中华文化，创造未来中国特色的先进民族文化，引领中华民族走向伟大复兴，实现建设美丽中国的伟大梦想。

# 目 录

## 科技专著

## 文娱博雅

# 科技专著

  在浩如烟海的我国古代文化典籍中，科技专著所占比例虽然不大，但记载着我国古代科学技术的辉煌成就，堪称一朵奇葩。

  我国古代科技源于生活，生活需要各种实用技术，而古代科学家的探索精神是古代科技发展的重要因素。他们的专著包括古代医学著作、历代天文历法专著、历代农学专著、历代地理专著和工艺科技专著等，其所记载的我国古人引以为豪的发明创造，多是对生产经验的直接记载或对自然现象的直观描述，无不带有鲜明的实用性，极大地推动了我国古代文明的发展。

# 关注健康的历代医学著作

　　在神话时代的神农氏时期，当时的人们没有多少东西可吃，靠捋草籽、采野果、猎鸟兽维持生活。有时吃了不该吃的东西，中了毒，重时就被毒死。人们得了病，不知道对症下药，只能遭受病痛的折磨。神农氏为这事很犯愁，决心尝百草，定药性，为大家消灾祛病。

　　神农氏为疗救民疾，他尊当时名震天下的医生岐伯为老师，称其

为"天师"，他们经常在一起研讨医学问题，后来留下了宝贵的医学著作《黄帝内经》，这是我国最早的医学著作，后人也称之为"岐黄之术"。——这就是传说中《黄帝内经》的由来。

　　实际上，这部医学经典并非出自一人之手，而是许

多医学家长期积累的成果，它大约成书于战国时期。

《黄帝内经》原书18卷，其中9卷名《素问》，另外9卷无书名，汉晋时被称为《九卷》或《针经》，唐以后被称为《灵枢》。

《黄帝内经》在我国古代哲学思想阴阳五行学说的指导下，全面而系统地论述了人体生理学、病理学、病因学、诊断学等，介绍了内科、外科、儿科、妇科等310种病候，以及对这些疾病应采取的汤液、针灸、按摩等治疗方法。

《黄帝内经》还提出了用解剖方法探求病理的主张，并强调以防病为主的医疗思想。已经不是消极的治病，而是积极地注意身体保健和疾病的预防了。

《黄帝内经》是一部包括丰富的医学理论和临床实践经验的古典医学著作，反映了我国古代医学发展的成就，在我国医学史上和世界医学史上都占有重要的地位。《黄帝内经》为祖国医学的学术理论体系奠定了广泛的基础，对促进后世医学的发展起了重要作用。

到了秦汉时期，由于内外交通日益发达，"丝绸之路"开通，西域等少数民族地区、南海等边远地区以及东南亚等地的药材源源不断输入内地，并逐渐为内地医家所采用，大大丰富了当时人们的药物学知识。

秦汉以来，药物学知识又有了新的积累和发展。西汉初期曾流行过药物学专著，《史记·仓公传》提到的古代医药书中就有《药论》，还有传说的《子仪本草》。

用药经验的积累，以及药物学知识的日益丰富，需要专人进行整理和研究。因此，西汉朝廷就已开始召集专人整理、研究和传授本草学。加之秦汉时临证医学的迅速发展，对药物学也要求相应发展，正是在这样的历史背景下产生了《神农本草经》一书。

《神农本草经》全书3卷，共收载药物365种，采用上品、中品、下品分类法，以补养无毒药120种为上品，以遏病补虚、有毒或无毒的120种为中品，以除邪多毒药125种为下品，这是我国药物学最早、最原始的药物分类法。

《神农本草经》在药物理论方面，概括记述了君臣佐使、七情和合、四气五味、阴阳配合等理论，并且明确了"疗寒以热药，疗热以寒药"的原则，使药物性能与病机更紧密地结合起来，完善了中医学的治疗理论。对药物功效、主治、用法、服法都有一定论述，很便于临床应用。

《神农本草经》中提出了配伍宜忌的观点。所载主治病症约170余种，包括内、外、妇、儿、五官等各科疾患。另外，还注意到药物的产地、采集时间、炮制、质量的优劣和真伪鉴别等。

《神农本草经》包含了许多具有科学价值的内容，而所反映出的当时我国医学通过大量实践积累起来的对药物的认识，是很了不起的。《神农本草经》对秦汉以前零散的药物知识进行了第一次系统的总结，历来被尊为药物学的经典著作，并被注释发挥。

与《神农本草经》同时产生的还有张仲景的《难经》。张仲景于150年正月十八日出生在一个没落的官僚家庭，其父张宗汉曾在朝为官。由于家庭条件的特殊，张仲景从小就接触了许多典籍，他从史书上看到了扁鹊望诊齐桓公的故事后，对扁鹊产生了敬佩之情，从此发誓成为扁鹊那样的名医。于是张仲景从小爱好医学，"博通群书，潜乐道术。"当他10岁时，就已读了许多书，特别是有关医学的书。

张仲景经过多年的刻苦钻研和临床实践，医术提高很快，同时搜集了许多治病的验方，成为一方有名的良医。

《难经》是在《黄帝内经》理论基础上释难解疑，其成书显然在《黄帝内经》之后。因张仲景《伤寒杂病论·序》已提到"八十一难"的名称，而《隋书·经籍志》载本书亦言有三国时的注本，一般认为约成书于西汉时期。

《难经》以假设问答、解释疑难的方式编纂而成，全书共讨论81个问题，故又称《八十一难》，简称《难经》。全书所述以基础理论为主，还分析了一些病证。其中1至22难论脉，23至29难论经络，30至47难论脏腑，48至61难论病，62至68难论穴位，69至81难论针法。

《难经》全书内容简要，辨析亦颇精微，在中医理论、针刺以及诊断学上颇多贡献，对后世中医的发展产生了不小的影响。

此外，张仲景还完成了《伤寒杂病论》16卷。这部医书熔理、法、方、药于一炉，开辨证论治之先河，形成了独特的我国医学思想体系，对于推动后世医学的发展起了巨大的作用。

《伤寒杂病论》中制定了22篇、397法，立113方，从其记载的内容可以知道，我国医学早在2世纪时，经过医学家张仲景的实践和总结，已能正确使用解热药、导泻药、利尿药、催吐药、镇静药、兴奋药、健胃药、截疟药、止痢药等，其中多数方药已由后世科学证实它的疗效可靠。

在《伤寒杂病论》中，张仲景还提出"舍脉从证，舍证从脉"的灵活辨证方法，在讨论治疗中要根据病情的标本缓急，运用先表后里、先里后表以及表里兼治的方法，并对治疗的禁忌，以及针灸综合疗法，都有所论述。

张仲景所确立的"辨证论治"原则，是祖国医学伟大宝库中的灿烂明珠，从而使中华民族的医学独具特色而自立于世界民族之林。

张仲景的学生王叔和曾任三国魏的太医令，他在临证实践中体会到了脉诊的重要性和复杂性，"脉理精微，其体难辨""在心易了，指下难明"，所以他选取《黄帝内经》《难经》及扁鹊、华佗、张仲景等人的有关著述，编著成《脉经》一书。

《脉经》全书共10卷。原有"手检图三十一部"，后世亡佚。本书经宋代林亿等校订后，卷数未变，而篇次和内容有所更动，后世有多种刊本印行。

《脉经》把脉象分成24种，即浮、芤、洪、滑、数、促、弦、紧、沉、伏、革、实、微、涩、细、软、弱、虚、散、缓、迟、结、代、动。基本上概括了临床上经常出现的一些脉象，后世脉象种数虽有增加，但基本不出其左右。

同时《脉经》中还对各种脉象作了比较形象具体、容易理解的描述，这就使学习者易于理解和掌握，王叔和可谓在脉学中做此类工作的第一人。

《脉经》集汉以前脉学之大成，总结了3世纪以前的脉学知识，并充实了新的内容，使脉学理论与方法统一化、系统化、规范化，并保存了一部分古代诊断学的文献资料。

三国之后的魏晋时期，西晋医学家皇甫谧搜求古典医籍，遥宗古人妙术，除著有《依诸方撰》等之外，主要有《针灸甲乙经》12卷，作为第一部针灸学专著流传后世，在我国医学史上产生了深远的影响。

諸穴法圖

《针灸甲乙经》是一部汇编性著作，它是根据《黄帝内经·素问》《针经》《明堂孔穴针灸治要》3部书的内容编纂而成的。皇甫谧认为"三部同归，文多重复，错互非一"，于是"除其重复，论其精要，至为十二卷"。主要目的则在于便于学习，便于应用。

《针灸甲乙经》的128篇内容可大致分为两大类：第一类论述人的生理功能、人体经脉、骨度、肠度及胃肠所受、俞穴主治、诊法、针道、生理病理等；第二类则为临床治疗部分，包括内外妇儿各科，尤以内科为重点。

《针灸甲乙经》中关于针刺操作手法，从理论到具体操作要领，均作了比较具体的叙述，既具有对前代经验的总结性，又富有一定的创造性，无论从文献学价值和指导后世针灸发展都有着重大的意义。

《针灸甲乙经》的著成，对于我国针灸学的发展起到了极大的促进作用，宋、金、元、明、清重要针灸学著作基本上都是在本书的基础上来完成的。国外早已有本书的英译本，对国外针灸学的发展也有重要的影响。

继《针灸甲乙经》之后，东晋时期的葛洪编著了著名的医学著作。葛洪是江苏句容人，曾拜南海太守鲍靓为师。鲍靓精于医药和炼丹的技术，他见葛洪虚心好学，年轻有为，就把所掌握的技术毫无保留地传授给他。葛洪后来修道于茅山抱朴峰，因此自号抱朴子，隐居于广东罗浮山中，专事炼丹制药及文学著述，直至终年。

葛洪编著医书，先成《玉函方》即《金匮药方》100卷，以篇幅之宏大，为集医疗经验之大成的巨著。然而，由于《玉函方》卷帙浩繁，不便携带，率急之际，难于速寻，所以葛洪又仿前人作《备急方》的体例，采《玉函方》之要约精华，编成了《肘后救卒方》3卷，又名为《肘后备急方》。"肘后"二字，意思是可挂于臂肘，比喻其携带方便，而书名《肘后备急方》，则与后世所说的《急救手册》甚为相似。

葛洪的《肘后救卒方》为救急而作，所以其中选方务求简、验，用药亦多择易得、廉价之品，尤宜于穷乡贫户急病所用。如此全以病者为虑，精神委实可嘉。

《肘后备急方》虽然是一部手册性质的医著，但其内容总结了我国晋以来医疗发展方面许多先进成就，有的还是十分突出的。例如急性传染病的记述，包括多种流行性传染病、疟疾、痢疾、狂犬病、结核病、丹毒、恙虫病等。

《肘后备急方》在流传过程中，经南北朝时期南朝梁著名医药家陶弘景增补为《补阙肘后百一方》，后又经金代杨用道增补为《附广肘后备急方》，成为后世广为流传的本子。

《肘后备急方》共8卷，其内容主要是一些常见的病症的简便疗法，包括内服方剂、外用、推拿按摩、灸法、正骨等一些十分实用的内容。这部书虽号"肘后"，却包含相当多宝贵的医学史料实用的方剂方法，有不少医学史上的重要发明发现，对后世的医疗实践具有重要的启示作用。

至隋代，我国医药学又有了显著的进步。隋炀帝时的著名医学家巢元方主持编撰的《诸病源候论》是标志性成果。

巢元方曾任太医博士。他与同道奉隋炀帝之诏，在前人积累的大量资料的基础上，共同编撰了一部总结疾病的病因、病理、证候的医学基础理论巨著《诸病源候论》，这是我国历史上第一部系统论述病因证候的专著。

《诸病源候论》全书共50卷，分67门，载列证候1700余条，分别论述了内、外、妇、儿、五官等各科疾病的病因病理和证候，一般并不论述疾病的治疗，但也有很少一部分疾病讨论了诊断、预后，以及导引按摩、外科手术为主的一些治疗方法和步骤。

《诸病源候论》在我国医学上所取得的成就与贡献，突破了前人的病因学说。巢元方等在病因学说方面，有不少创造性见解，对有些疾病，突破了笼统的"三因"传统说法，丰富了祖国医学的病因学说。

《诸病源候论》虽然是探讨病因证候的专著，但也叙述了不少有关治疗创伤的外科手术方法和缝合理论等。这些创造性的成就，说明了我国外科手术治疗在继承汉晋以来所取得的成就的基础上，在隋代又有了新的进步，达到了更高的水平。

到了唐代，唐京兆华原之地于581年诞生了我国历史上著名的医学家孙思邈。他自幼天资聪敏，治学精勤，善言老庄，喜好释典，通经史，知百家，是集佛、道、儒三教于一身的饱学之士。

在行医的同时，孙思邈勤奋地钻研古代名医的著作，寻求民间的治病经验，往往因为一个单方、一味药物、一种炮制方法等，不远千里虚心向人请教。因此，他的医疗技术得到了不断的提高，至此以后医名鹊起。

孙思邈鉴于古代诸家医方散乱浩博，求检至难，便博采群经，勤求古今，删裁繁复，以求简易，撰方一部，凡30卷，"以为人命至贵，有贵千金，一方济之，德踰于此"，故名曰《备急千金要方》。

《备急千金要方》约成于652年，孙思邈当时年约70岁。书成后，孙思邈仍时时感其不足，继续努力，又集30年临床经验，作《千金翼方》30卷以补《千金要方》之不足。两书合而为我国唐代最有代表性的医药学著作。

孙思邈是一位精通诸科、技术全面的临床大家，尤为重视妇科和儿科。《千金方》中先论妇人、小儿，后论成人、老者，强调妇人和小儿患病不同于男子和成人而各具特殊性，主张妇产和小儿应独立设科。两部《千金方》中妇产科内容达7卷之多，对胎前、产后、月经不调、崩漏、带下等妇产科疾病的防治进行了系统的阐述。

到了两宋时期，由于我国印刷术的改进和造纸术的进步，给医药学书籍的大量印刷创造了良好的条件。宋代政府从全国征集到大批医药古典书籍，其中不少由于千百年辗转传抄，以及战火、虫蛀、脱简等原因，已经散乱或残缺不全了，迫切需要进行一次系统的校勘和整理。因此，宋政府采取了许多积极措施，使这一重要事业得以顺利进行，并取得了十分显著的成就。

971年，皇帝发布了《访医术优长者诏》以集中著名医学家；981年发布了《访求医书诏》，大量"购求医书"，并明确规定凡献书在200卷以上者，均给奖励；1026年，宋政府又下令全国，再次征集医药书籍，并令医学家、目录学家于国家图书馆内予以整理。

据《宋史·艺文志》等所收载的医药卫生保健书目达590部，3327卷之多。这些措施使医药藏书在多年战乱之后，又达到了更加丰富的水平。

982年，宋太宗赵光义下诏翰林医官院向全国征集有效医疗处方，又得到各医学家应用之效验方或家传效验方万余首，遂命尚药奉御王怀隐等编《太平圣惠方》。

992年，编成《太平圣惠方》100卷，宋太宗御制序文，并经政府刻本刊行。此书分为1670门，收载医方多达1.68万首，内容颇为丰富。每一门类均以《诸病源候论》的病因、病理和证候等医学理论为纲，其后附录所汇集的有效方药，是一部理论联系实际，具有理、法、方、药完整体系的医方著作，很有临床实用价值，影响极大。

《圣济总录》则是宋代最大的一部方书。它是宋徽宗时由政府组织医学家广泛征集历代方书和民间有效偏方，于1111年开始，历时7年编成的。

《圣济总录》共200卷，分为

60门，载方约2万首，对前代方书几乎囊括无遗。该书每门之下分列若干证，每证之首，先论病因病理，次述治法方药，综括内、外、妇、儿、五官、正骨等13科，内容极为丰富。

此外，宋代由于人体解剖学有了进一步的发展，还出现了两种解剖图谱，即吴简的《欧希范五脏图》和杨介的《存真图》，这是当时人体解剖学的标志性著作，对后世产生了很大影响。

我国金元时期，医学界产生了许多流派，在学术上争鸣，最具代表性的有刘完素、张从正、李东垣和朱震亨，被称为"金元四大家"。他们的产生与宋代医学理论和实践的丰富与革新思想有关。

刘完素一生著述较多，主要有《黄帝素问宣明论方》《素问玄机原病式》《内经运气要旨论》《伤寒直格》《伤寒标本心法类萃》《三消论》《素问药注》《医方精要》，其他托名刘完素的著作还有《习医要用直格并药方》《河间刘先生十八剂》《保童秘要》《治病心印》《刘河间医案》等。后人多把刘完素的主要著作编成《河间六书》《河间十书》等，其中或加入金元其他医家的著作。

张从正为一代名医，门人众多，其中较知名者有麻九畴、常仲明、栾企等。其主要学术思想均体现在《儒门事亲》一书中，是由其弟子麻九畴等人将其晚年多种著作整理汇编而成，全书共15卷，取名用意指"医家奥旨，非儒不能明"，而"为人子者，不可不知医"。

李东垣，字明之，名杲，号东垣。金代真定人。他从师于张元素，并继承其易水学派，成为一代名医。著有《脾胃论》《内外伤辨惑论》《兰宝秘藏》等。

在"金元四大家"中，朱震亨所出最晚。他先习儒学，后改医道，在研习《黄帝内经·素问》《难经》等经典著作的基础上，访求名医，受业于刘完素的再传弟子罗知悌，成为融诸家之长为一体的一代名医。著有《格致余论》《局方发挥》《本草衍义补注》等书。

明代医学专著颇丰，最先进行这方面著述的是朱元璋之子朱橚。朱元璋被小明王韩林儿封为吴王的1361年，他的第五个儿子朱橚诞生了。明王朝建立后，朱橚被封为吴王，封国在钱塘，即杭州。1381年改封为周王，到开封任职，以北宋的汴梁故宫为王府。

李东垣（1180—1251），又名李杲，李明之，今河北保定人。他是中国医学史上"金元四大家"之一，是中医"脾胃学说"的创始人。他十分强调脾胃在人身的重要作用，因为在五行当中，脾胃属于中央土，因此李东垣的学说也被称作"补土派"。主要著作有《脾胃论》《内外伤辨惑论》《用药法象》《兰室秘藏》《活发机要》等。

朱橚一直对我国伟大的中医药学很有兴趣，自己对各类药品、药方进行了深入细致的研究，并且在开封府组织了大批的学者和大夫，编写了一部名为《保生余录》的方书两卷。

在开封时，朱橚看到民众在灾荒年以野菜充饥，误食中毒者屡见不鲜。于是他尽平生之所学，刻意研究野生植物，还亲自带人跑遍封地境内的"山野平地"，"咨访野老田夫"，采集实物标本，考核筛选出其中可用来充饥的植物400余种。

为了进一步观察这些植物的生长情况，他又专门在开封周王府内辟设园圃，引种野生植物，每日观察、研究、记录它们的生长情况。为辨别某一植物是否有毒，口感是否合适，朱橚都要亲自尝一尝后才加工成食品。

最后，朱橚把可供灾荒时食用的414种植物的资料编辑成册，他还特地请画师把植物的叶、花、果、枝干绘成图，附在每种植物介绍后面。在此书中仅以往其他中药书籍没有收载的植物就达276种，最终出版刊行，书名叫作《救荒本草》。

《救荒本草》详细地记载了每种植物的名称、出产环境、形态、性味、加工烹调方法，达到了使人们可以"接图而求之"的目的。

在充分认识到植物的作用后，朱橚考虑编写医学著作。1406年，朱橚领导教授滕硕、长史刘醇等编纂的方剂学巨著《普济方》终于成书。《普济方》是我国古代中医药历史上最大的中医方剂专著，是朱橚对中医药学的一大重要贡献。

据有关资料记载和统计，《普济方》共有168卷，分为1600论，收载药方6.1万首，编次条理清晰，内容丰富。自古经方，本书最为完备。资料除取之历代方书外，还兼收史传、杂说、道藏、佛典中的有关内容。

明代最为著名的医学著作是医学家李时珍的《本草纲目》。李时珍于1518年出生于一个医学世家，父亲李言闻是当地名医，父亲将自己一生临床治病的经验传授给儿子。李时珍专心医药钻研，将所有精力和时间几乎都用于医药知识和相关学科的广搜博采上。他闭门读书达10年之久，因此，对史学、哲学、文字学、训诂学等，造诣甚深，尤其对药物名称、药性、药效、炮制、药物资源，均有着深入而广泛的研究。

李时珍在深入药物之研究后，又走出读书室，躬身实践，足迹遍及湖北、湖南、广东、河北、河南、江西、安徽、江苏等省。有关谷、菜、瓜、果类药物的问题，就去向农夫学习；有关各种鱼、鳞、介类药物的问题，就去向渔夫请教；有关矿石类药物中的问题，就去向手工业工人、采矿者询问；有关蛇类药物、兽类药物中的问题，他就去向捕蛇人、猎人调查，数十年如一日，直至生命的最后一息。

李时珍研究中药学数十年，参考各种图书800多种，撰成《本草纲目》52卷，集明代药物学之大成，撰成于1578年，得当时著名文学家、南京刑部尚书王世贞作序，于1590年在南京刊行，即世之谓金陵版。

《本草纲目》52卷共收载药物1892种，绘制药物图1109幅，附方1.1万首。所收药物以其天然来源及属性为纲，分为16部；在同一部下，则以相近之类别为目，更分为60个类目，条分缕析，一目了然。

李时珍的药物分类法在前人基础上作出了创造性贡献，有着相当高的科学价值。例如其所收之1094种植物药，是根据其根、茎、叶、花、果的特点，及其性味、形态、生长环境、习性与人类生活的关系等因素，加以综合分析、归纳比较进行区分的。

李时珍的动物药分类法尤其具有较高的科学价值。书中把444种动物药分成虫、鳞、介、禽、兽、人6部。其中虫部所记述者相当于无脊椎动物；鳞部所记述者相当于鱼类；介部所记述者有一部分爬行类和两栖类动物；禽部所记述者则相当于鸟类；兽部所记述者系指哺乳类动物；人部是指人类。

李时珍认为，这样的分类排列顺序是"从贱至贵"。这个贵贱，既非药用之经济价值，也非动物体型之大小，而是指动物从简单到复杂，从低级到高级的发展过程而言。

《本草纲目》出版后，在国内广泛的影响是医药学著作罕见者之一，史称为"士大夫家有其书"并非过誉。与此同时，随着该书之东渡和西传，《本草纲目》在国外影响之大，可能是我国医药著作中之仅有者。

在诊断学方面，李时珍还撰有《濒湖脉学》一书，发展了中医诊断学。所著《奇经八脉考》一书，则是规范中医经络学说的一次有价值的努力。李时珍被誉为我国最著名的医药学家、世界著名的学者，当之无愧。

明末清初之际，从事中医传染病学研究的著名医学家吴又可，于

1642年编写了一部专著《瘟疫论》共2卷，是我国传染病史上的名著。

综观《瘟疫论》可知，吴又可著书完全不同于一般医学家之引经据典，或文献综述，或所谓千古文章一大抄之套式，而是对传染病提出了许多新见解，甚至有着改革和创新。他的一些理论认识，可以说是我国传染病学说的一个里程碑。

明代之后的温热病证，是我国内科治疗的范畴，中医内科学按其传统概念，既包括伤寒之证治，也包括一般杂病之诊断和治疗。明代是研究《伤寒论》学说的重要时期，不同学派兴起，代表人物有方有执、张遂辰、张志聪、王肯堂、李中梓等。

方有执编成《伤寒论条辨》8卷，关于伤寒之学说对清代伤寒学派之影响甚大；张遂辰、张志聪著有《张卿子伤寒论》；王肯堂广泛收集历代医药文献，结合临床经验以10年时间编著成《六科准绳》。这是一部集明以前医学之大成的名著，书中对各种疾病的症候和治法叙述"博而不杂，详而又要"，为历来医学家所推崇。

内科杂病在明末清初时亦甚昌盛，名家辈出，学派林立。孙一奎著有《赤水玄珠》；楼英著有《医学纲目》；而著名的内科杂病学家薛己的著作《内科摘要》，是我国医学史上以内科命名学科、书名之最早者。

此外，安徽祁门人汪机对医学理论问题之研究尤有卓见。他于

1519年总结自己对外科学研究心得时，写成《外科理例》一书。从外科学之发展而言，或可誉之为外科理论继往开来的巨著。

1604年，外科学家申斗垣撰成《外科启玄》，他对外科鼻祖华佗的外科手术未能传世深表惋惜，故以"启玄"为其书名，旨在发掘历代外科手术疗法与医疗技术，以为民造福，对清代外科的发展有着重要影响。

《外科启玄》共12卷，卷1至卷3总论疮疡的病候、诊法及治则，共72论；卷4至卷9分论外科约200种疾病的证治，并绘有图形；卷10附入《痘科珍宝》1卷。卷11至卷12为治疗方剂。有4种明刻本和后世影印本。

到了清代，著名温病学奠基者叶天士著有《温热论》，为我国温病学说的发展提供了理论和辨证的基础。清代名医章虚谷高度评价《温热论》，说它不仅是后学指南，而且是弥补了张仲景书之残缺。可见其功劳很大。

1758年，也就是叶天士去世后的第12年，又一位伟大的温病学家诞生在江苏省淮阴县，他就是享誉后世的吴鞠通。

吴鞠通26岁时来到北京，参与抄写检校由皇帝下令组织编写的大型丛书《四库全书》，这使得吴鞠通有机会广泛阅览各种医学书籍。其中吴又可的《瘟疫论》使他深受启发，他总结了吴又可、叶天士等温病学家的学术思想，参阅历代医学文献，结合自己的实践经验，于1789年完成了他的代表作《温病条辨》。

《温病条辨》刊行之后，为医家所重，乃致翻刊重印达50余次，并有许多评注本。现在的温病学教材，取该书之说也最多。

知识点滴

明清时期有关内科医学的著作甚丰，其他如王肯堂的《杂病准绳》，虞天民的《医学正传》，王纶的《明医杂著》等，亦为影响深远之佳作。此外，还出现了不少内科疾病之专门著作。例如郑全望的《瘴疟指南》，卢之颐的《痎疟论疏》，张鹤腾的《伤暑全书》，方有执的《痉书》，龚居中有关结核病专书《痰火点雪》，胡慎柔的《慎柔五书》，以及汪绮石的《理虚元鉴》等。专论寄生虫病者有周履靖的《金笥玄玄》等。许多都是很有开创性的重要专著。

清代的有关疾病专著更为丰富多彩，它标志着我国医学发展到明清时期，对疾病的研究大大深入了一步。

# 开创文明的天文历法专著

天文学是人类最早发展起来的自然科学之一，我国的天文学历史悠久，成就举世瞩目。

早在夏代，我们的先祖已经很重视天象的观察，"观象授时"成为一种国政。据战国时期的史书《尚书·夏书》记载，夏代仲康时期，负责观测天象的官员羲和失职，没能及时预告日食，以至当这次日食现象出现时，人们不知发生了什么怪异的事变，惊慌失措，乱成一团。这次日食的记录，是我国也是世界上最早的日食记录。

历法与天文学相应而

生。它不仅包括年、月、日、时、节气的安排，还包括日、月、行星运动，以及交食、晷影、漏刻、恒星出没、天空分区等。

我国最古老的历书相传是夏代的《夏小正》，其中记载有人们由观察天象和物候决定农时季节的知识。它原是被西汉末礼学家戴德收载于《大戴礼记》中的一篇，后来单独成册流传。

据考证，《夏小正》正文只有400多字。就天文知识来说，它按12个月的顺序记述了每月的星象，如早晨和黄昏出现在南方的星星，北斗柄的指向，银河在天空的位置，太阳到了恒星间什么地方等。

此外，《夏小正》还有每月的气象、物候以及应该做的农事和政治活动。例如：

正月，启蛰……鞠则见，初昏参中，斗柄悬在下。

这里"鞠"和"参"都是星名，"斗柄"就是北斗七星组成勺子形的把子。根据《夏小正》书中反映的天象等情况，说明我国确有更早时代的资料。

另据《春秋》一书记载：

鲁文公十四年秋七月，有星孛入于北斗。

这里说的"星孛",就是著名的哈雷彗星,"鲁文公十四年"是公元前613年。这次彗星的记录,是我国也是世界上最早的彗星记录。

我国春秋时期的史书《左传》一书也记载:

鲁庄公七年夏四月辛卯夜,恒星不见,夜中星陨如雨。

"鲁庄公七年"是公元前687年,这次流星雨的记录,是我国也是世界上关于流星雨最早的详细可靠的记录。

春秋战国时期,随着生产的发展,天文学也有很多成就,出现了甘德和石申这样取得了卓越成就的著名的天文学家。

甘德,又称甘公,战国时期的齐国人;石申,又称石申夫或石申父,战国时期的魏国人。他们系统地观察了金、木、水、火、土五大行星的运行,初步掌握了这些行星的运行规律,记录了800个恒星的名字,其中测定了121颗恒星的方位。甘德写有《天文星占》8卷,石申写有《天文》8卷,后人把这两部著作合为一部,称《甘石星经》。

《甘石星经》是我国也是世界上最早的一部天文学著作,可是它在宋代以后就失传了,后世只能从唐代的天文学书籍《开元占经》里见到它的一些片断摘录。后世许多天文学家在测量日、月、行星的位置和运动时,都要用到《甘石星经》中的一些数据，因此，《甘石星经》在我国和世界天文学史上都占有重要地位。

此后，我国天文历法学不断发展、完善，出现了许多著作。自汉代起，就有完整系统的历法著作留传后世，成为研究我国天文、历法的资料宝库。

公元前366年，秦献公时的《颛顼历》是"古六历"的一种，属于阴阳历，至秦始皇一统天下后遍行。该历采用19年7闰法，一回归年为365又四分之一日，所以是一种"四分历"，以十月为岁首，闰月放在九月之后，称后九月。

西汉初年，沿用秦代的《颛顼历》，但又发现《颛顼历》有误差。公元前104年，经史学家司马迁等人提议，汉武帝下令改定历法，并责成邓平、唐都、落下闳等人议造汉历，公元前203年历成。这一年改年号为太初并颁布实施这套汉历，因此后人称此历为《太初历》。

《太初历》规定一年等于365.2502日，一月等于29.53086日；以

"加差法"替代之前的"减差法"，以调整时差；将原来以十月为岁首改为以正月为岁首；开始采用有利于农时的二十四节气；以没有中气的月份为闰月，调整了太阳周天与阴历纪月不相合的矛盾。这是我国历法史上一个划时代的进步。

《太初历》还根据天象实测和多年来史官的记录，

得出135个月的日食周期。《太初历》不仅是我国第一部比较完整的历法，也是当时世界上最先进的历法，它问世以后，一共行用了189年。

西汉时期，还有刘歆将《太初历》稍加修改而成的《三统历》，是我国历史上最早的一部完整历法，后世历法的基本内容这时大体都已具备。

《三统历》共有7节：《统母》《统术》《纪母》《纪术》《五步》《岁术》和《世经》。《统母》和《统术》主要讲日月运动的基本常数和推算方法，包括回归年、朔望月长度、一年的月数、交食周期、计算朔日和节气的方法等；《纪母》《纪术》和《五步》讲行星的基本常数和推算方法，包括五大行星的会合周期、运行动态、出没规律、预告行星位置等；《岁术》讲星岁纪年的推算方法；《世经》讲考古年代学。

《三统历》还明确规定，以无中气的月份置闰，并选取一个"上元"作为历法的起算点。《三统历》的这些内容，对后代历法影响极大。

东汉时期，天文学家刘洪于206年著成《乾象历》，对月亮运动的研究有了新进展，首次提出月亮近地点的移动，从而算出近点月长度，并在一近点月里逐日编出月离表；首次提出黄白交角是6度；首次提出交食计算中推算食限的方法，这些都对后代历法影响很大。

《五星占》是长沙马王堆汉墓中的一份帛书，大约写于汉文帝时期，专讲五大行星运动和一些天文知识，共有9部分，8000字。书中对五大行星运动有详细的描述，成为后代历法中"步五星"工作的先驱。

《五星占》对金星、土星的会合周期定得比较准确，对公元前246年到公元前177年70年间木、土、金三星的动态有逐年的记载，这是研究古代行星问题的一份重要资料。

汉代还有两本重要的天文著作，就是《天官书》和《周髀算经》。《天官书》是司马迁《史记》中的一篇，可算是当时有关天文知识的总结。尤其是恒星部分记录了当时所认识到的全天恒星，共90多组名称，500多颗星，是关于全天恒星的最早一篇完整文献。后来许多恒星的命名都受它影响。

《天官书》内容除恒星外，还有行星、分野、日月占候、奇异天象、云气、岁星纪年、天象记录和占验等，是研究秦汉天文学乃至先秦天文学的一篇权威性文献。《史记·天官书》开创了后代史书中撰写天文志的传统。"二十四史"中有十几篇天文志，为研究我国天文学史提供了系统全面的资料。

《周髀算经》成书于西汉后期，作者不可考，是"算经十书"中的一部，名曰算书，实际上主要是一部天文学著作。书有上下两卷，重点讲述当时的一种宇宙结构学说"盖天说"，详细阐述计算天地结构、太阳视轨道大小、周天里数、北极璇玑的方法，还有圆形盖天式星图的制作等，是有关"盖天说"的一本系统详尽的典籍。

隋代天文历法也取得了很多成就。隋文帝之子杨广征召全国的历算专家，都集中在东宫，共同商议历法的事情。刘焯也在皇太子这次征召的人员之内，这回他献上了经过几十年研究的《皇极历》。

《皇极历》考虑太阳和月亮视运动不均匀来计算日月合朔的时刻，创立了等间距二次差内插法。为了求得任意时刻的定朔改正值，又创立了任意间隔二次差内插法的公式。这在我国天文学史和数学史上都有重要地位，后代历法计算日月五星运动使用的内插法多继承《皇极历》的方法并有所发展。

唐代天文历法成就比起《皇极历》来又是一个进步。唐玄宗于727

年诏天文家僧一行作《大衍历》，后经张说和陈玄景整理成文，729年颁行，使用到751年。733年传入日本，在日本使用近百年。

《大衍历》结构严谨，条理分明，共有历术7篇，讲具体计算方法。另有历议12篇，讲历法的理论问题，是一行为《大衍历》写的论文，通称《大衍历议》。

《大衍历》的制定是从制造仪器开始的，经过实际观测确定基本天文数据，这是科学的方法。经过《大衍历》的制定，对太阳月亮运动不均匀现象有了正确全面的了解。通过实际观测，破除了1000年来流传的"寸差千里"的谬说。在计算方法上，《大衍历》创不等间距二次差内插法的公式，比《皇极历》的方法进步了很多。

唐代瞿昙悉达撰的《开元占经》120卷，成书于718年到726年，所以又称《大唐开元占经》。唐以后失传，1616年，安徽歙县人程明善在古佛像腹中偶然发现，始得再次流传至今。

《开元占经》是唐以前天文星占著作大全，它把当时能见到的古代70多种天文星占书按内容分别摘录编撰，内容涉及天文星象、气候、奇异现象等各方面。天文方面有名词解释，宇宙理论，日月行星运动，二十八宿距度，甘德、石

申、巫咸三家对全天恒星名称、星数、位置的描述和占验，包括有石氏的恒星星表。

由于《开元占经》的辑录，使许多古代失传了的天文星占著作的内容得以完好地保存下来，就凭这一点，《开元占经》也是一本极有价值的书。

唐代还有一本天文星占著作《乙巳占》，是李淳风所著，其中摘编了许多早已失传的古代星占著作的片断，包括天文、气象、星占，内容也很广泛。

到了元代，郭守敬于1280年作成《授时历》，次年颁行。《元史·历志》里的《授时历经》上下篇是郭守敬在王恂初稿基础上重新编定的。当时《授时历》虽已颁行，但各种数据用表、推步算法没有定稿。王恂去世后，由郭守敬一人主持完成。他"比类编次，整齐分秒，裁为二卷"。

《授时历》共有7部分，内容相似于《大衍历》，但采用等间距三次差内插法计算日月五星位置，又用弧矢割圆术和类似球面三角的方法根据太阳黄经求它的赤经赤纬，这两种方法在天文学史和数学史上

都具有重要地位。

到了明代，明初刘基进《大统历》。至洪武年间的1384年，于南京鸡鸣山设观象台，令博士元统修历，仍以《大统》为名，而积分全袭元代《授时历》法数，前后共使用360多年，是古历法中行用最久的，也是在天文数据计算方面发展到高峰的一种历法。我国古典系统的历法到此为止，以后就有西方天文知识传入并影响到历法的编算。

此外，明代的《观象玩占》和《崇祯历书》颇值得一提。《观象玩占》作者不可考，也是天文星占书中一本有价值的著作。它透过大量的天文现象和奇异天象的记载，可以了解历史上许多有价值的天文事件，如新星超新星的爆发，彗星的出现和分裂，流星雨的变迁，变星的光变，日食景象，黑子日珥日冕在历史年代中的变化，行星运

动，地月系的变迁等，这对现代天文学的理论研究有很大的价值。

《崇祯历书》是明代末年徐光启主编的，后经李天经续成，从1629年到1634年前后共用5年时间完成。它从多方面引进欧洲古典天文学知识，内容包括天文学基本理论，三角学，几何学，天文仪器，日月和五大行星的运动、交食，全天星图，中西单位换算等。

《崇祯历书》共46种，137卷，采用第谷的太阳系结构系统，计算方法中翻译了哥白尼《天体运行论》中的许多章节，还有开普勒《论火星的运动》一书中的材料，历法计算中不用我国传统的代数学方法而改成几何学方法，这是我国天文学史和历法史上一个重要的转折。我国古代天文学体系开始向近代天文学转变。

明末未能根据《崇祯历书》来编算民用历书，清代开始使用根据《崇祯历书》编算的历书《时宪历》，直到清末。在《四库全书》中有100卷本的《西洋新法算书》是意大利的耶稣会传教士汤若望根据《崇祯历书》删改而成的。

清代著作家、刊刻家、思想家阮元曾经撰有一部《畴人传》，是记述我国历代天算家学术活动的传记集，始作1795年，完成于1799年。

作为一本天文、数学家的传记集，《畴人传》收集了几百位天文、数学家的生平和科学业绩，是研究我国天文学的重要资料集。它同其他著作一起，系统全面地反映了我国古代天文学的成就，因此，它的本身也是古代天文学成就的一部分。

知识点滴

# 精确复杂的古代数学专著

我国西周时期有一位名叫商高的人，是当时的学问大家。他在数学方面的成就，被记载在我国最古老的天文学著作《周髀算经》中，其中就有数学知识勾股定理的内容。

有一次，商高面见周公时，周公对古代伏羲构造周天历度的事迹感到不可思议，就请教商高数学知识从何而来，于是商高就以勾股定理的证明为例，解释数学知识的由来。他说：

数之法出于圆方，圆出于方，方出于矩，矩出于九九八十一。故折矩，勾广三，股修四，经隅五。

商高这段话的意思就是说：当直角三角形的两条直角边分别为3和4时，"经隅"即"弦"则为5。以后人们就把这个事实说成"勾三股四弦五"。这就是后世著名的"勾股定理"。由此开创了我国古代数学的新纪元。

《周髀算经》成书时间大约在两汉之间，据考证明确者为西汉赵君卿所作，北周时期甄鸾重述，唐代李淳风等注。书中就记录了商高的那段话，表明"勾三股四弦五"这种关系早在大禹治水时就已经发现了。

《周髀算经》中明确记载了勾股定理的公式，并且详细证明了勾股定理。此外还有开平方的问题、等差级数的问题，使用了相当繁复的分数算法和开平方法，以及应用于古代的"四分历"计算的相当复杂的分数运算。

汉代数学成就除了《周髀算经》外，还有《九章算术》，它系统地总结了我国从先秦到西汉中期的数学成就。该书作者已无从查考，但西汉著名数学家张苍、耿寿昌等人曾经对它进行过增订删补。魏晋时刘徽为《九章算术》作注时说："周公制礼而有九数，九数之流则《九章》是矣。"可知该书中理论成于周公之时。

《九章算术》全书分作9章，一共搜集了246个数学问题，按解题的方法和应用的范围分为9大类，每一大类作为一章。它们的主要内容分别是：第一章"方田"：田亩面积计算；第二章"粟米"：谷物粮食的比例折换；第三章"衰分"：比例分配问题；第四章"少广"：已知面积、体积，求其一边长和径长等；第五章"商功"：土石工程、体积计算；第六章"均输"：合理摊派赋税；第七章"盈不足"：即双设法问题；第八章"方程"：一次方程组问题；第九章"勾股"：利用勾股定理求解的各种问题。

《九章算术》在数学上有其独到的成就，不仅最早提到分数问题，也首先记录了盈不足等问题，"方程"章还在世界数学史上首次阐述了负数及其加减运算法则。

《九章算术》是一本综合性的历史著作，是当时世界上最简练有效的应用数学，它的出现标志着我国古代数学形成了完整的体系。

唐宋两代，《九章算术》都由国家明令规定为教科书。到了北宋，《九章算术》还曾由政府进行过刊刻，这是世界上最早的印刷本数学书。

南北朝是我国古代数学的蓬勃发展时期，计有《孙子算经》《夏侯阳算经》《张丘建算经》《海岛算经》等数学著作。所以当时的数学教育制度对继承古代数学经典是有积极意义的。

《孙子算经》约成书于4至5世纪，作者生平和编写年不详。全书共分为3卷：上卷详细讨论了度量衡的单位，第一次讨论了筹算的制度和方法；中卷主要是关于分数的应用题，包括面积、体积、等比级数等计算题；下卷对后世的影响最为深远，如下卷第31题即著名的"鸡兔同笼"问题，后传至日本，被改为"鹤龟算"。

《海岛算经》是三国时期刘徽所作。这部书中讲述的都是利用标杆进行两次、三次至最复杂的四次测量来解决各种测量数学的问题。这些测量数学，正是我国古代非常先进的地图学的数学基础。

此外，刘徽对《九章算术》所作的注释工作也是很有名的，可以把这些注释看成是《九章算术》中若干算法的数学证明。刘徽注中的"割圆术"开创了我国古代圆周率计算方面的重要方法，他还首次把极限概念应用于解决数学问题。

隋唐时候，国子监算学科将汉、唐1000多年间的著名数学著作作为教科书，称之为"算经十书"。这10部算书的名字是：《周髀算经》《九章算术》《海岛算经》《五曹算经》《孙子算经》《夏侯阳算经》《五经算术》《缉古算经》《缀术》《张丘建算经》。

除《周髀算经》《九章算术》《海岛算经》外，"算经十书"的其余几部书也记载有一些具有世界意义的成就。例如《孙子算经》中的"物不知数"问题，《张丘建算经》中的"百鸡问题"等都很著名。而《缉古算经》中的三次方程解法，特别是用几何方法列三次方程的方法，也是很具特色的。

《缀术》是南北朝时期著名数学家祖冲之的著作。可惜这部书在唐宋之际失传了。宋人刊刻"算经十书"时就用当时找到的另一部算书《数术记遗》来充数。

祖冲之关于圆周率的计算可精确到第六位小数，记载在《隋书·律历志》中：

古之九数，圆周率三，圆径率一，其术疏舛。自刘歆、张衡、刘徽、王蕃、皮延宗之徒，各设新率，未臻折衷。宋末，南徐州从事史祖冲之，更开密法，以圆径一亿为一丈，圆周盈数三丈一尺四寸一分五厘九毫二秒七忽，朒数三丈一尺四寸一分五厘九毫二秒六忽，正数在盈、朒二限之间。密率，圆径一百一十三，圆周三百五十五。约率，圆径七，周二十二。又设开差幂，开差立，兼以正圆参之。指要精密，算氏之最者也。所著之书，名为《缀术》，学官莫能究其深奥，是故废而不理。

唐代立于学官的10部算经中，王孝通的《缉古算经》是唯一由唐代学者撰写的。王孝通出身于平民，少年时期便开始潜心钻研数学，隋朝时以历算入仕，入唐后被留用，唐初做过算学博士，后升任通直郎、太史丞。毕生从事数学和天文工作。

在我国数学史上，《缉古算经》是最早解三次方程的著作，它集中体现了我国数学家早在7世纪在建立和求解三次方程等方面所取得的重要成就。

我国古代数学经过从汉至唐的发展，已经形成了更加完备的体系。在这基础上，到了宋元时期又有了新的发展。宋元数学，从它的发展速度之快、数学著作出现之多和取得成就之高来看，都可以说是我国古代数学史上最光辉的一页。

秦九韶是南宋时期杰出的数学家。1247年，他在《数书九章》中将"增乘开方法"加以推广，论述了高次方程的数值解法，并且列举20多个取材于实践的高次方程的解法，最高为十次方程。16世纪意大利人菲尔洛才提出三次方程的解法。另外，秦九韶还对一次同余式理论进行过研究。

《数书九章》主要讲述了两项重要成就：高次方程数值解法和一次同余式解法。书中有的问题要求解十次方程，有的问题答案竟有180条之多。

1248年，李冶发表《测圆海镜》，该书是首部系统论述

"天元术"即一元高次方程的著作，在数学史上具有里程碑意义。尤其难得的是，在此书的序言中，李冶公开批判将数学贬为"贱技""玩物"等长期存在的士风谬论。

李冶的《测圆海镜》和《益古演段》中，还讲述了直角三角形和内接圆所造成的各线段间的关系，这是我国古代数学中别具一格的几何学。

1261年，南宋杨辉在《详解九章算法》中用"垛积术"求出几类高阶等差级数之和。1274年他在《乘除通变本末》中还叙述了"九归捷法"，介绍了筹算乘除的各种运算法。

此外，杨辉还著有《日用算法》《杨辉算法》等。杨辉的著作讲述了宋元数学的另一个重要侧面：实用数学和各种简捷算法。这是应当时社会经济发展而兴起的一个新的方向，并且为珠算盘的产生创造了条件。

在元代，王恂、郭守敬等制定《授时历》时，列出了三次差的内插公式。郭守敬运用几何方法求出相当于现在球面三角的两个公式。

元代朱世杰受李冶《测圆海镜》和杨辉著作的影响，著有《四元玉鉴》，他把"天元术"推广为"四元术"，即四元高次联立方程，并提出消元的解法，欧洲到1775年法国人别朱才提出同样的解法。

朱世杰还对各有限项级数求和问题进行了研究，在此基础上得出了高次差的内插公式，欧洲到1670年英国人格里高利和1676年牛顿才提出内插法的一般公式。

朱世杰的《算学启蒙》也是当时的一部启蒙教科书，由浅入深，循序渐进，直到当时数学比较高深的内容。

宋元算书中所记载的辉煌成就再次证明：直到明代中期之前，我国科学技术的许多方面，是处在遥遥领先地位的。

宋元以后，明清时期也有很多算书。例如明代就有著名的算书《算法统宗》。这是一部风行一时的讲珠算盘的书。入清之后，虽然也有不少算书，但是像"算经十书"、宋元算书所包含的那样重大的成就便不多见了。特别是在明末清初以后的许多算书中，有不少是介绍西方数学的。

明清时期的数学发展，反映了在西方资本主义发展进入近代科学时期以后我国科学技术逐渐落后的情况，同时也反映了我国数学逐渐融合到世界数学发展总的潮流中去的一个过程。

知识点滴

# 物为我用的工艺科技著作

在我国战国时期的齐国，齐威王即位后，以"不飞则已，一飞冲天；不鸣则已，一鸣惊人"的精神，进行了卓有成效的变法改革。改革中的一项重要措施就是创建稷下学宫。齐威王为稷下学者提供优厚的物质与政治待遇，勉其著书立说。在稷下学者编著的众多论著中，齐国学者的《考工记》是记述当时齐国政府制定的指导、监督和考核官府手工业、工匠劳动制度的书。

《考工记》曾作为《周礼》的一部分。《周礼》包括天官、地官、春官、夏官、秋官、冬官6篇，故本名《周官》，又称《周官经》。西汉成帝时，刘歆校理秘府所藏书籍，才将《周官》列入书目，但缺冬官一篇，遂以《考工记》补足，故又称《周礼·考工记》。

《考工记》开宗明义就说：

国有六职，百工与居一焉。

这一观点，一方面是说"百工"的重要性，另一方面也说明"百工"是属于官府手工业。

《考工记》全书共7100余字，记述了木工、金工、皮革、染色、刮磨、陶瓷六大类30个工种的内容，反映出当时我国所达到的科技及工艺水平。

此外《考工记》还有数学、地理学、力学、声学、建筑学等多方面的知识和经验总结。这部著作记述了齐国关于手工业各个工种的设计规范和制造工艺，书中保留有先秦大量的手工业生产技术、工艺美术资料，记载了一系列的生产管理和营建制度，一定程度上反映了当时的思想观念。

《考工记》是我国年代最早的手工业技术文献，该书在我国科技史、工艺美术史和文化史上都占有重要地位。在当时世界上也是独一无二的。因此，历代有关它的注释和研究层出不穷，其中成绩卓著的学者，早期有汉代的郑玄，中期有唐代的贾公彦，晚期有清代的戴震、程瑶田、孙诒让等。

战国时期的工艺科技成就，不仅有《考工记》所展现的齐国的成就，还有当时的墨家学派在这方面的建树。墨家创始人墨翟是战国时期宋国人，他是一个制造机械的手工业者，精通木工。

墨家学派中多数是直接参加劳动的，接近自然，热心于对自然科学的研究，又有比较正确的认识论和方法论的思想，他们把自己的科学知识、言论、主张、活动等集中起来，最终汇编成《墨子》。

《墨子》中关于工艺考究的重要篇章是《墨经》，它包括《经上》《经下》《经上说》《经下说》《大取》《小取》共6篇。其内容在逻辑学方面所占的比例最大，自然科学次之，其中几何学的10余条，专论物理方面的约20余条，主要包括力学和几何光学方面的内容。此外，还有伦理、心理、政法、经济、建筑等方面的条文。

《墨经》中有8条论述了几何光学知识，它阐述了影、小孔成像、平面镜、凹面镜、凸面镜成像，还说明了焦距和物体成像的关系，这些比古希腊欧几里得的光学记载早百余年。

《墨经》在力学方面的论说也是古代力学的代表作。对力的定义、杠杆、滑轮、斜面及物体沉浮、平衡和重心都有论述。而且这些论述大都来自实践。

战国时期以后，我国科技得到不断发展，各个时期的论著也不绝而出。至魏晋南北朝时期，科学技术有了显著进步。这一时期科学技术，继承了前代的成就，在机械制造、冶炼技术等许多方面又多有创新。

如东晋道教学者、炼丹家、医学家葛洪所著《抱朴子》，分"内篇"和"外篇"，其中内篇的《金丹篇》对炼丹法有明确记载。

事实上，我国古代炼丹术就是近代化学工业的先驱。如唐代郑思远所撰的《真元妙道要略》，记载了炼丹见闻30余则，并且最早提到了火药，说明唐末我国火药已经开始用于军事。

火药又称炸药，是原料在受到适当的激发冲量后产生快速的化学反应，并放出足够的热量。显然，火药是化学产品之一。

在我国浩如烟海的古籍中，有一部素负盛名的科技著作，这就是北宋卓越的科学家沈括写的《梦溪笔谈》。此著集前代科学成就之大成，是我国古代最重要的一部科学技术著作。

《梦溪笔谈》是以笔记体裁写成的综合性科技巨著，全书30卷，609条，共十几万字。书中内容十分丰富，涉及政治、经济、文化、军事和科学技术等各个方面。其中关于科技的内容，占全书三分之一，包括了数学、天文历法、气象、地质、地理、物理、化学、生物、农业、水利、建筑、医学、药物学等，汇集了我国古代、主要是北宋的多种科技成就。

《梦溪笔谈》对我国科技的许多成就，都有精辟的论述。例如，论述"十二气历"按立春、惊蛰、清明、立夏等12个节气定月份；一年365天，大月31天，小月30天，大小月相间，既符合天体运行的实际，又有利于农事活动的安排。

《梦溪笔谈》在我国和世界上最早提出地磁偏角的问题，它论述指南针"能指南，然常微偏东，不全南也"。《梦溪笔谈》在我国和世界上最早记录了石油的性能和用途，并第一次使用了"石油"的名称。它还曾指出石油资源丰富，"生于地中无穷"，预言"此物后必大行于世"。

在地质学方面，《梦溪笔谈》提出的用流水侵蚀作用解释地貌的观点，早于欧洲700年。

尤其可贵的是，一些劳动人民在科技上的发明和贡献，像毕昇发明的活字印刷术，高超发明的合龙堵口的先进治水方法，民间工匠喻皓的建筑成就及其编著的《木经》，平民历算家卫朴修订历法的事迹，等等，都赖有《梦溪笔谈》的详细记叙，才得流传后世。否则，这些伟大发明家和卓越科技人才的业绩，很可能会被永远湮没了。

喻皓是我国北宋时期工人建筑师，北宋初年曾当过掌管设计、施工的木工都匠，尤其擅长建筑多层的宝塔和楼阁，晚年写成《木经》3卷，这是我国历史上第一部关于木结构建筑的手册。

宋代李诚在喻皓《木经》基础上编成的《营造法式》，全书34

卷，357篇，3555条。它收集了工匠讲述的各工种操作规程、技术要领及各种建筑物构件的形制、加工方法，是当时建筑设计与施工经验的集合与总结，并对后世产生深远影响。

《营造法式》也是北宋官方颁布的一部建筑设计、施工的规范书，这是我国古代最完整的建筑技术书籍，标志着我国古代建筑已经发展到了较高阶段。

到了明末，杰出科学家宋应星编写的科技名著《天工开物》，是我国古代最重要的一部工艺百科全书。它详细记述了我国古代的农业和手工业技术，其中有不少是在当时居于世界领先地位的工艺措施和科学创见。这是他通过不断深入民间实地考察、研究而写成的总结明代生产技术的著作，于1637年刊行。

《天工开物》分上、中、下3卷，又细分为18个项目。书中除了介绍农业生产经验外，还记述了纺织、染色、制盐、制糖、制砖、烧瓷、造车、造船、采煤、榨油、造纸、冶铜、炼铁、军器、火药、颜料、酒曲等多种手工业生产技术。

宋应星是世界上第一个科学地论述锌和铜锌合金即黄铜的科学家。他明确指出，锌是一种新金属，并且首次记载了它的冶炼方法。这是我国古代金属冶炼史上的重要成就之一，使我国在很长一段时间里成为世界上唯一能大规模炼锌的国家。他记载的用金属锌代替锌化合物即炉甘石炼制黄铜的方法，是人类历史上用铜和锌两种金属直接熔融而得黄铜的最早记录。

《天工开物》中还详细说明了各种农作物和工业原料的种类、产地、生产技术和工艺装备，描述了它们内部细致的专业分工，还附有200多幅工艺流程插图，与文字互相配合。

书中对生产各种产品所需要的时间、人力、产量，生产工具的规格、尺寸、效率，各种金属的密度，合金成分的比例，火器的射程和杀伤力等，也都用具体数据加以说明。

《天工开物》为研究明朝的社会生产提供了宝贵的资料，具体生动地反映了宋应星生活的时代资本主义经济在我国开始萌芽、社会生产力和科学技术获得进一步发展的情况。西方研究者把它誉为"中国17世纪的工艺百科全书"。

知识点滴

墨翟是一个精通机械制造的大家，在止楚攻宋时与公输般进行的攻防演练中，已充分地体现了他在这方面的才能和造诣。他所论及的攻守器械和设施，对后世的军事活动有着很大的影响。

墨翟曾花费了3年的时间，精心研制出一种能够飞行的木鸟即风筝，成为我国古代风筝的创始人。他又是一个制造车辆的能手，可以在不到一日的时间内造出载重30石的车子。他所造的车子运行迅速又省力，且经久耐用，为当时的人们所赞赏。

# 寓文于农的历代农书文献

我国远古时期，神农氏见人们的食物越来越不足，遍尝百草，开辟新的食物来源，终于选择出可供人们食用的谷物。接着又观察天时地利，创制耒耜，教导人们种植谷物，开启了我国远古农业的先河。

到了夏、商、周时期，我国发明了金属冶炼技术，青铜农具开始应用于农业生产，水利工程开始兴建，农业技术有了初步的发展。

春秋战国是我国社会大变革和科技文化大发展时期。炼铁技术的发明标志着新的生产力登上了历史舞台，铁农具和畜力的利用，推动了农业生产的大发展。

到战国时期，秦相吕不韦约集手下门客集体编写了《吕氏春秋》一书，其中的《上农》《任地》《辩土》《审时》4篇，则是专讲农业的。这是我国最古老的农学论文。

在当时，所有诸侯国都认识到发展农业生产的重要性，提出了"上农"的理论，推行以农业为本、工商为末的"崇本抑末"政策。《上农》篇中提出的重农理论和政策，和商鞅、吴起、韩非的重农思想基本上是一致的。

《任地》《辩土》《审时》3篇是专讲农业技术的。《任地》讲利用土地的原则。《辩土》是讲使用土地，就是以人力来改变土壤的现状，对《任地》篇所提出要求的事，作了具体回答。《审时》篇讨论耕作及时不及时对农作物各方面、特别是对子粒性质的影响。

《任地》等3篇包含着农业生产方面丰富的辩证法思想，总结了先秦劳动人民的农业生产经验，反映了春秋战国时期农业科学的技术水平。

秦汉至南北朝时期，我国北方地区旱地农业技术达到成熟，耕、耙、耱配套技术形成，多种大型复杂的农具先后发明和运用。

据东汉时期班固《汉书·艺文志》记载，在西汉以前我国就出现了专门的农书，共有9家114卷之多，其中《神农》20篇、《野老》17篇、《宰氏》17篇、《董安国》16篇、《尹都尉》14篇、《越氏》5

篇、《氾胜之书》18篇、《王氏》6篇、《蔡癸》1篇。

这些农书除《神农》《野老》外，其余7种中，4种早已下落不明。剩下的3种，两汉之交的刘向和班固都肯定它们是西汉人的著作，就是《董安国》《蔡癸》和《氾胜之书》，但前两种也已散失，只有《氾胜之书》，靠北魏时期贾思勰的《齐民要术》等几部书的引文，保存了一些零星文字。但是从残存的3700多字中，仍足以反映出西汉农业科学技术的水平。

氾胜之是山东曹县人，在汉成帝在位的时候，曾经当过议郎官职；又在京城西安附近的三辅地区指导过农业生产，取得了很好的成绩。当时对农业生产有兴趣的人，都乐于向氾胜之请教。后来他升为御史，足迹踏遍全国。他在这些活动中所积累的经验和资料，是后来撰写农书的基础。

氾胜之具有突出的重农思想。他把粮食布帛看作国计民生的命脉所系，因此，他把推广先进的农业科学技术作为发展农业生产的重要途径。他曾经表彰一名卫尉勤于蚕法，是"忠国爱民之至"。可见他把推广先进农业科技，发展农业生产提高到"忠国爱民"的高度。

《氾胜之书》正是在这种思想的指导下写成的。该书是氾胜之对西汉黄河流域的农业生产经验和操作技术的总结，主要内容包括耕作的基本原则、播种日期的选择、种子处理、个别作物的栽培、收获、留种和贮藏技术、区种法等。

《氾胜之书》以对个别作物的栽培技术的记载较为详细。这些作物有禾、黍、麦、稻、稗、大豆、小豆、枲、麻、瓜、瓠、芋、桑等13种。区种法在该书中占有重要的地位。

此外，书中提到的溲种法、耕田法、种麦法、种瓜法、种瓠法、穗选法、调节稻田水温法、桑苗截乾法等，都不同程度地体现了科学的精神。

在我国历史上，最早和最完整的农书，当数南北朝时期北魏杰出的农业科学家贾思勰书写于533年到544年间的《齐民要术》。

贾思勰是山东益都人，曾任高阳太守，后来回到家乡，经营农牧业。贾思勰研究了大量农业文献，广泛请教了有经验的老农，收集了许多口头传说、民间谚语，再加上自己从事生产实践的亲身体验，写成了农业科学巨著《齐民要术》。

《齐民要术》全书正文共10卷，92篇，正文和注释共11万多字，书前还有《自序》和《杂说》各1篇。卷1至卷5的内容是谷物、蔬菜、瓜果、林木栽培；卷6是家畜、家禽、鱼类饲养；卷7是酿酒；卷8是制酱、制醋、腌腊；卷9是食品制造和烹调；卷10是各种作物的品种介绍。

《齐民要术》的内容包括农、林、牧、副、渔各个方面，对几乎所有的农业生产活动都作了比较详细的论述。比如，书中阐明了因时、因地制宜的重要性，提出了"顺天时，量地利，则用力少而成功多；任情反道，劳而无获"的先进农业观点。

《齐民要术》还针对我国北方地区"春多风旱"的气候特点，对北方抗旱保墒问题进行了深入探讨，总结出具体的技术措施和经验。

另外，《齐民要术》对轮作和套种作了科学的总结和研究，为农业生产的发展开辟了广阔的途径。而且还对农作物的品种进行了专门论述，并且在选种问题上提出了穗选法的主张，这实际上就是一种简单的优选法。

《齐民要术》中有许多项目，比世界其他各先进民族的记载要早三四百年，甚至1000多年；它的取材布局，也为后来的许多农书作者所借鉴。

《齐民要术》为我国初步建立了农业科学体系，对推动我国古代农业生产和农业科学技术的发展，产生了巨大的影响。它不但是我国，也是世界上最早、最完整的农书，在我国和世界农业科学发展史上，都占有重要的地位。

隋、唐、宋、元以及明清时期，我国经济重心从北方转移到南方。南方水田技术配套技术形成，水田专用农具发明与普及，棉花在全国逐渐推广，土地利用方式增多，南北方农业同时获得大发展。

这时出现了众多农书，后人将这一时期的《氾胜之书》《齐民要术》《陈敷农书》《王祯农书》《农政全书》统称为五大农书，是我国古代农学著作中的杰作。

陈敷是我国南宋农学家，一生勤奋好学，潜心研究农学理论，而且自耕自种，于1149年74岁时写完《陈敷农书》这部著作，对古代的农业生产做出了巨大贡献。

《陈敷农书》是我国古代第一部谈论水稻栽培种植方法的农书。共3卷，附《蚕书》1册。书中对江南水田耕作，对土地利用、土壤肥料、水稻耕种、蚕桑等方面，均有独到见解，是研究我国农业科学的宝贵资料。

元王朝只有97年，时间虽不算很长，却在我国农学史上留下了3部比较出色的农学著作。一是元建国初年司农司编写的我国最早的官修农书《农桑辑要》，此后有王祯的《王祯农书》和畏兀儿农学家鲁明善、铁柱的《农桑衣食撮要》。其中尤以《王祯农书》影响最大。

王祯字伯善，生于1271年，山东东平人，元成宗时曾任宣州旌德县尹、信州永丰县尹。他在为官期间，生活俭朴，捐俸给地方上兴办学校、修建桥梁、道路、施舍医药，确实给两地百姓做了不少好事。时人颇有好评，称赞他"惠民有为"。

王祯在旌德和永丰任职时，劝农工作取得很大成效，政绩斐然。所采取的方法是每年规定农民种桑树若干株；对麻、苎、禾、黍、粦麦等作物，从播种以致收获的方法，都一一加以指导；还画出"钱、镈、耰、耧、耙、斪"各种农具的图形，让老百姓仿造试制使用。

王祯又"以身率先于下""亲执耒耜，躬务农桑"。最后，王祯把教民耕织、种植、养畜所积累的丰富经验，加上搜集到的前人有关著作资料，编撰成《王祯农书》。

《王祯农书》全书共36卷，13.6万多字，分为《农桑通诀》《百谷谱》《农器图谱》3个部分，是当时农业生产技术的总结。

1314年，鲁明善到安徽地方做监察官。任职期间，他大力奖励农桑，发展生产。为了帮助农民安排好一年的生产活动，他决心编写一本实用性强、便于农民阅读的农书。于是他刻苦攻读各类书的同时，经常深入农村田间，了解农业生产规律，收集民间农业耕种的经验和知识。日积月累，终于写成了《农桑衣食撮要》。

《农桑衣食撮要》以月令体裁写成，分为12个月，月下条列农事并讲解做法。全书分为上下两卷，共11000多字，其中农事有208条，内容极为丰富。如气象物候，农田水利，作物、蔬菜、瓜类、果树、竹木、桑栽培，蚕饲养，家畜家禽养殖与医疗、役用，养蜂采蜜，粮食和种子保管，副食品加工，衣物保管等。

后世对《农桑衣食撮要》评价颇高，明《永乐大典》和清《四库全书》都予收录。由此可见这部农书在我国农学史上所占的独特的重要位置。

《农政全书》为明代徐光启著。这是一部集前人农业科学之大成的著作。《农政全书》共60卷，70多万字，所采用文献229种，内容宏富，计有农本、田制、农事、水利、农器、树艺、蚕桑、蚕桑广类、种植、牧养、制造、荒政共12目。全书既大量考证收录前代有关农业的文献，又有徐光启自己在农业和水利方面的科研成果和译述，堪称为当时我国农业科学遗产的总汇。

《农政全书》基本上囊括了古代农业生产和人民生活的各个方面，而其中又贯穿着一个基本思想，即徐光启的治国治民的"农政"思想。贯彻这一思想正是本书不同于前代大型农书的特色之所在。在这部书中，徐光启建立了一个比较完整的农学体系。

此外，清代著名农学家杨岫写有《豳风·广义》和《蚕政摘要》两本养蚕的书，从种桑到缫丝纺织，都有详细的叙述和总结，对研究古代种桑养蚕技术有很大的参考价值。

知识点滴

我国的古农书，包括现存和已经散失的，据不完全统计，两千多年来总数共有376种，可谓成就辉煌。

这些农书大体分为两大类：一类是综合性农书，一般以作物栽培、园艺、畜牧和蚕桑作为基本内容，而又以大田生产为主。有的还包括水产以及农具、水利、救荒、农产品加工等。另一类是所谓专业农书，包括关于天时、耕作的专著，各种专谱，蚕桑专书，兽医书籍，野菜专著，治蝗书等。

# 文娱博雅

　　琴棋书画，花鸟虫鱼，古称"八艺"。"八艺"一向被视为达官贵人、文人墨客、隐士逸民修身养性的雅文化。我国古人非常重视精神追求，强调琴棋书画、花鸟虫鱼对人精神的陶冶作用，并一直向往诗情画意的生活情趣，因此，历代对各种文娱活动也多有研究，并涌现出许多这方面的专著。

　　这些专著包括书画论著、琴棋墨砚专著、鼎彝古币考古类专著以及茶酒花鸟类著作等。形式上图文并茂，内容上丰富多彩，体现了古人丰富的精神世界与追求。

# 精辟深邃的古代书画专著

　　我国绘画史上第一篇系统的绘画品评专著、国画论著作，是南北朝时谢赫的《古画品录》。谢赫在书中言道：

画有六法，罕能尽该。而自古及今，各善一节。六法者何？一，气韵生动是也；二，骨法用笔是也；三，应物象形是也；四，随类赋彩是也；五，经营位置是也；六，传移模写是也。

　　《古画品录》品评三国至齐梁画家27人，共分六品，并以品第为次序。第一品陆探微、曹不兴等5人；第二品列顾骏等3人；第三品

列姚昙度、顾恺之等9人；第四品
列蘧道愍等5人；第五品列刘等4
人；第六品为宗炳、丁光。

顾恺之是杰出的画家，在东
晋声名卓著，谢安曾推崇为"自
生人以来未有也"。谢赫强调变
古、创新，他将顾恺之列为第三
品，反映了他的创作倾向，折射
出与时而变的理论意义。

《古画品录》对后世产生巨
大影响的，是首次提出关于"六
法"的理论。"六法"远承先秦
以来儒家所讲的"六气""六律""六诗"，贾谊《六术》中所讲"六
理""六法""六行""六美"等概念，近参刘勰《文心雕龙·知音》以
"六观"论诗文优劣，使绘画理论从创作技巧到批评准则上升到自成
体系的阶段。

庾肩吾是我国南朝梁代著名的书法评论家、文学家，官至度支尚
书。他的《书品》，与谢赫的《古画品录》、钟嵘的《诗品》、沈约
的《棋品》等，构成了这一时期的"品"文化现象，盛极一时，对以
后的文艺批评有着极大影响。

其中庾肩吾《书品》既是前人书法品评经验积累下的产物，又是
"品"文化现象盛行的代表作。

庾肩吾把汉至齐梁的123位书法家按上上、上中至下中、下下的
九品法论列，与曹魏时创立的一种人才选拔制度——九品中正制相类

似，所谓"上""中""下"源于《论语》把人分为"上智""中人""下愚"之说。

南朝姚最的《续画品》，是谢赫《画品》的续作，共录有20人。对各人所作，均有简要评价，其中对谢赫的评价比较详细。

《续画品》接受了谢赫所倡"六法"，在评论萧绎时，对宫廷画家沈标、沈粲、焦宝愿等都有肯定，其创作思想与谢赫颇为接近。

《续画品》与谢赫显著不同的，在于对顾恺之的评价，姚最认为顾恺之"矫然独步，终始无双"。从兼及对其他画家的评价，可知姚最在赞赏"宫体"画时，对文人画也极为欣赏，对画家的批评较为宽容。

《续画品》在理论上有一定建树。姚最强调"心师造化"，即画家要对生活积累、对反映真实予以足够重视。另一方面，姚最又强调了画家天才禀赋的重要意义。

到了唐代，中书舍人、吏部员外郎唐裴源于639年撰《贞观公私画

史》，又名《贞观公私画录》，旨在著录古画名目，并品评高下。将"魏晋以来，前贤遗迹所存，及品格高下，列为先后"，实际上以刘宋时陆探微为首。而书中所载多为隋代官库本，当是隋室旧藏。

从《贞观公私画录》序中可知，此书共著录298

卷，壁画47处；其中隋唐官本计230卷，得之于杨素家20卷，余者为许善心、褚安福等人所进。并辨其中33卷恐非晋宋人真迹。

《贞观公私画录》于每件作品先列画名，再列作者，并注明是否已收入该目。此书堪称著录名画之祖，可据以考知贞观前名画的存世情况，为研究画史者所宝重。

唐代张彦远出身于收藏世家，他从小耳濡目染，在书画方面学到了不少知识，日积月累，练就了一双"法眼"。他自称对于"收藏鉴识，有一日之长"。

张彦远根据传家之宝，悉心研讨书学画理。他深刻地认识到，自古以来，有名的书画流传虽多，但许多人并没有真正认识到它们的价值，因此也没有真正发挥它们的作用。

同时，战争、动乱的破坏，足以使大量珍贵书画毁于兵火之中；至于有些人假收藏之名，行"藩身"之实，以名家之画作为加官晋爵的手段，乃至成为一时风气，这就更值得后人引以为戒了。

所有这些，张彦远认为都会给绘画艺术的发展带来极大的阻碍。为此，他萌发了编写一本记述历代画家、作品的著作的想法。他的两部著作《历代名画记》和《法书要录》分别就绘画和书法搜集了丰富的前代的材料，尤其前一书更提出了自己的见解，是对于我国古代美术科学研究工作的重要贡献。

《历代名画记》成书于847年，是张彦远盛年之力作。全书10卷，可分为3部分：一是对绘画历史发展的评述与绘画理论的阐述；二是有关鉴识收藏方面的叙述；三是原书卷4至卷10是370余名画家传记，始自传说时代，终于841年，大体按时代先后排列，或一人一传，或父子师徒合传，内容有详有略，大略包括画家姓名、籍里、事迹、擅长、享年、著述、前人评论及作品著录，并有张彦远所列的品级及所作的评论。

《法书要录》10卷，辑录了从东汉至唐元和年间的书法理论著作共39种，为传世最早的书论专集。其中34种皆具录原文；未见原书者，则存其目。

《法书要录》无论从体例，或者从内容来看，均在我国书学史上有相当重要的地位，尤其是其对历代名迹的收集、鉴别和保存上所做出的杰出贡献，使它成为后世书法研究者所必不可少的参考资料。

唐宪宗时，翰林学士朱景玄酷爱画艺，多方寻访，不见者不录，见者必录，为明其善恶，别其高下，根据当时书法世家张怀瓘《书断》以神、妙、能三品论定书法家成就高下的体例，并仿效李嗣真《书后品》标出的"逸品"的办法，列于神、妙、能三品之外，再加上对所品评的画家的生平事迹和画艺特长所写的评传，著成了我国最早的一部断代画史《唐朝名画录》。

《唐朝名画录》著录唐代画家124人，以"神、妙、能、逸"四品品评诸家，其中"神、妙、能"又分上、中、下3等。其本文则各为略叙事实，据其所亲见立论，神品诸人较详，妙品诸人次之，能品诸人更略，逸品三人又较详。

《唐朝名画录》是一部关于唐代画家情况的较详记录。其资料来源，部分引自唐人有关著作，部分为作者亲自采访收集。对于时代较近画家、与作者同时画家，本书尤多记述，故在绘画史料上具有《历代名画记》不可替代的价值。

《唐朝名画录》写作态度颇为严肃，所列史料，亦大多翔实可信。在编写方法上，本书开创了以分品列传体编写断代画史的先例，对后代产生了深远影响。

随着书画理论发展的深入，唐代以后的论书之著多不拘泥于品评一体，而渐融于内容广泛、繁富的书论之中。

到了宋代，宋高宗赵构的《翰墨志》，米芾的《画史》《宝章待访录》和《海岳名言》，以及由北宋官方主持编撰的宫廷所藏绘画作品的著录著作《宣和画谱》，都是书画理论的专著。

宋高宗的《翰墨志》亦称《评书》《高宗翰墨志》《思陵翰墨志》，原为论书25则，后存22则。古人论书，人云亦云者多，宋高宗赵构则直抒己意，多独到之处。

比如，宋高宗不同意王羲之书《兰亭集序》"似有神助"之说，认为它受人重视，是因其字数最多。

再如，宋高宗不同意世俗认为石砚以有眼为贵，认为是以密理坚致、潴水发墨为优。他主张学书须先学正书，学草者亦不可不兼学正书，因正书八法皆备，不相附丽。

宋高宗于北宋举李建中、蔡襄、李时雍以及苏、黄、米、蔡"四大家"，皆有褒有贬，唯对于米芾的行草极为称许，认为米芾得能书之名，似无负于海内，书中记载的米芾逸事也很多。

宋高宗本人对于"魏晋以来至六朝笔法，无不临摹"，但又专精《兰亭集序》一种，以至于"详观点画"，竟然到了"成诵"的地步，凡50年间未有一日舍笔墨。

米芾是北宋书法家、画家，书画理论家。他天资高迈、人物萧散，个性怪异，好洁成癖，举止癫狂，因而人称"米癫"。宋徽宗曾诏为书画学博士，人称"米南宫"。

米芾的《画史》记录了他收藏、品鉴古画以及自己对绘画的偏好、审美情趣、创作心得等，这是研究他的绘画的最好依据。

米芾的《宝章待访录》成书于1086年秋，分为"目睹""的闻"两大部分，所录84件晋唐品，开后世著录之先河，影响颇大。甚至有专门模仿此书体例的论著，如明代张丑撰《张氏四表》。

米芾的《海岳名言》皆为他本人平时论书之语，反映出米芾的书学美学思想。

宋王朝自建国初期，即重视开展古书画搜访工作。宋徽宗时，内府收藏日趋丰富，于是将所藏历代著名画家的作品目录编撰成《宣和画谱》，以备查考。有人认为作者是宋徽宗赵佶本人，也有人认为是由蔡京、米芾所编。就书中内容和文风考察，似在宋徽宗的授意和参与下，由官方组织人力，集体编写而成。

《宣和画谱》20卷，成书于1120年。书中共收魏晋至北宋画家

231人，作品总计6396件。并按画科分为道释、人物、宫室、番族、龙鱼、山水、畜兽、花鸟、墨竹、蔬果10门。每门画科前均有短文一篇，叙述该画科的起源、发展、代表人物等，然后按时代先后排列画家小传及其作品。

《宣和画谱》不仅是宋代宫廷绘画品目的记录，而且还是一部传记体的绘画通史，主张绘画的社会教育作用。虽然本书存在不少缺点，但仍是一部绘画著录方面的重要典籍，对于研究北宋及以前的绘画发展和作品流传，仍有一定的史料价值。

此外，宋代书画理论专著还有刘道醇的《五代名画补遗》和《宋代名画评》、黄休复的《益州名画录》、郭若虚的《图画见闻志》、郭熙的《林泉高致》、朱长文的《墨池编》等，反映了宋代书画理论的显著成果。

到了元代，有书家盛熙明编著的书法理论著作《法书考》，全书8卷：卷1《书谱》分两部分，一为集评，二为辨古；卷2《字源》分两部分，一为梵音，二为华文；卷3《笔法》分两部分，一为操笔，二为挥运；卷4《图诀》分两部分，一为图诀，二为偏旁；卷5《形势》分两部分，一为布置，二为肥脊；卷6《风神》分3部分，一为性情，二为迟速，三为方圆；卷7《工用》分3部分，一为宗学，二为临摹，三为丹墨。卷4至卷7皆采录成说。卷8《附录》分两部分，一为印章，二为押署、跋尾。

《法书考》是盛熙明依个人学书经验和摘录前人书论著述编撰而成，并且保存了一部分书法史料，对研究书法史具有一定价值。此书前有元代虞集、欧阳玄、揭傒斯3人序言，后有清代朱彝尊跋。据元代著名史学家、文学家揭傒斯序称：书成于1331年，1333年由奎章阁承制学士沙剌班进呈，藏于禁中。

明清时期，是我国品评绘画风格的时期，画品著作在宋代以后逐渐减少，明代虽有复兴，其体例却有很大的不同，虽用传统的品评术语，但是已经无意于品第高下优劣之分，而是倾向对笔法与风格的分析与品评，其代表是《中麓画品》和《吴郡丹青志》。

《中麓画品》是以诗文、散曲闻名的李开先的品评绘画的著作，全书1卷，成书于1541年。此书品评明人绘画，与向来上、中、下3等或神、妙、能、逸四品不同，其独创五品之分，每品中并陈优劣。

《吴郡丹青志》是明代诗人王稚登所著的画史传、品评，全书1卷，成书时间约在1600年。品评记录元至明中期苏州地区的画家，分神品、妙品、能品，又有遗耆、栖旅等分别评论，各为传赞，共录画家沈周、沈贞吉、恒吉、唐寅、文徵明、仇英、黄公望、张羽等20人。提出"韵致"说，强调绘画要想"种种妙绝，出人意表"。作为当时的评语，是研究明代苏州地区绘画及画家的参考。

清代出现了对风格学研究的突破，其代表就是清代大臣黄钺的《二十四画品》；另一方面，"神逸能妙"从明代开始作为等级符号已处在非常次要的位置，特别是清末秦祖永的"神逸能妙"更是偏于艺术风格的论述。

黄钺在绘画艺术上经过多年的实践和探索，将自己积累的经验进行理论概括，仿照唐司空图撰写的中国古代文集约名著《二十四诗品》的体例，撰成画学专著《二十四画品》一书。

《二十四画品》运用四言韵语，把各种绘画艺术风格概括为：一气韵，二神妙，三高古，四苍润，五沉雄，六冲和，七淡远，八朴拙，九超脱，十奇辟，十一纵横，十二淋漓，十三荒寒，十四清旷，十五性灵，十六圆浑，十七幽邃，十八明净，十九健拔，二十简洁，二十一精谨，二十二隽爽，二十三空灵，二十四韶秀。每品项下各有四言释义一篇，每篇一韵，每韵十二句。整部著作文词典雅，清丽可诵，表现了栩栩如生的艺术形象。

黄钺深受司空图的影响，虽也不排斥沉雄、纵横、淋漓、健拔等风格，但更为推崇冲和、淡远、荒寒、清旷、幽邃、空灵等境界，这与当时文人士大夫的审美趣尚是一致的。

知识点滴

明清时期是我国封建社会的后期，文化虽然趋于保守，但绘画领域却出现许多富有特色的流派与个性强烈的画家，各领风骚，树帜画坛。

明初崇尚宋代画风的画家遍于宫廷、民间。清代画派林立，摹古、创新各行其道。清代文人画、西洋画对宫廷绘画产生了影响；随着商品经济的发展，文人还以画为生、以画泄愤，金石书法的刚健之风也融入了绘画。清代民间绘画更加世俗化、商品化。清代绘画呈现的奇变倾向，为我国近代绘画改革做好了准备。

# 包罗各家的历代经典类书

　　我国春秋时期，齐国有一位伟大的政治家、道家、思想家、教育家、经济学家，名叫管仲，他的祖先是姬姓的后代，与周王室同宗。父亲管庄是齐国的大夫，后来家道中衰，到管仲时已经很贫困了。

　　为了谋生，管仲做过当时认为是微贱的商人，他到过许多地方，

接触过各式各样的人，见过许多世面，从而积累了丰富的社会经验，并且博通"三坟五典"，有经天纬地之才。

　　管仲先是辅佐公子纠，后来公子小白即位后，称齐桓公，他又尽心辅佐。齐桓公非常欣赏管仲的才华，经常同他商谈国家大事。

　　由于管仲系统地论述了治国称霸之道，使齐桓公的全部问题都迎

刃而解，不久就拜他为相，主持政事，为表示对管仲的尊崇，称其为"仲父"，授权让他主持一系列政治和经济改革。

管仲在全国划分政区，组织军事编制，设官吏管理；建立选拔人才制度，士通过3次审选，可为"上卿之赞"；按土地分等征税，禁止贵族掠夺私产；发展盐铁业，铸造货币，调剂物价。

管仲的改革成效显著，齐国由此国力大振。管仲在世之时由于其功业显赫，"立言"精辟，他的追随者便开始收集整理其言行，春秋中后期管仲的事迹和学说被管仲学派传人丰富发展，战国时期管仲学派及其学说进一步发展。

特别是稷下学宫建立以后，管仲学派与百家争鸣交流，进一步完善了自己的学说体系，并且集法家、儒家、道家、阴阳家、名家、兵家和农家理论之大成，由此形成了我国政治家治国、平天下的大经大法《管子》。

《管子》共24卷，85篇，后存76篇，分为 8类：《经言》9篇，《外言》8篇，《内言》7篇，《短语》17篇，《区言》5篇，《杂篇》10篇，《管子解》4篇，《管子轻重》16篇。内容极丰，包含道家、儒家、名家、法家、兵家、阴阳家等家的思想以及天文、舆地、经济和农业等方面的知识。

《管子》在诸子百家中占有十分重要的地位，是研究古代政治、经济、法律等各方面思想的珍贵资料。

到了隋代，隋炀帝诏令左仆射杨素重修《魏书》，当时著名书法家欧阳询参加编撰，后因杨素去世而搁浅。在此期间，地方军政长官李渊和欧阳询结交，引他为幕府宾客。

618年，李渊建立唐王朝时，欧阳询已是62岁的老人。唐高祖李渊很器重他，多次提拔，位至给事中。622年，唐高祖诏令编纂《艺文类聚》，命欧阳询担任主编，参与工作者有秘书丞令狐德棻、侍中陈叔达、太子詹事裴矩、詹事府主簿赵弘智、齐王府文学袁朗等十多人。

《艺文类聚》共100卷，百余万字，分为46部，每部又细分为若干子目，共有727目之多。这46部的顺序是：天、岁时、地、州、郡、山、水、符命、帝王、后妃、储宫、人、礼、乐、职官、封爵、治政、刑法、杂文、武、军器、居处、产业、衣冠、仪饰、服饰、舟车、食物、杂器物、巧艺、方术、灵异、火、药香草、宝玉、百谷、布帛、果、木、鸟、兽、鳞介、虫豸、祥瑞、灾异。

《艺文类聚》的编纂，尽管以弘扬儒家思想为务，却不排斥其他说法。《天部·天》中罗列的有老子、庄子、文子、列子的道家说法，还引了《蜀志》的一则故事；在《天部·日》中，又引《列子》中的"孔子与两小儿辩日"的故事。体现出儒家那种多闻阙疑、求同存异的风格。

《艺文类聚》在内容的取舍方面，体现出追求真善美的强烈倾向，很注意采集正面材料，摒弃反面材料。《帝王部》《人部》中都极尽劝善之能事。《艺文类聚》如此苦心孤诣，正是儒家重视教化、重视书籍的潜移默化功能的反映。

《艺文类聚》于624年下半年书成奏上，唐高祖赐帛200匹。627年，唐太宗李世民继位后，任命欧阳询为太子率更令、弘文馆学士。

欧阳询所辑的《艺文类聚》，与虞世南的《北堂书钞》、徐坚的《初学记》、白居易的《白氏六帖》合称为"唐代四大类书"。

虞世南字伯施，生于558年，越州余姚人。唐代书法家、诗人、"凌烟阁二十四功臣"之一。其父虞荔、兄虞世基、叔父虞寄均名重一时。因他的叔父虞寄无子，虞世南便过继给叔父，故字伯施。

《北堂书钞》为虞世南在隋秘书郎任上所编，当时编辑此书，大抵是供文人撰文时采录参考资料所用。全书分为帝王、后妃、政术、刑法、封爵、设官、礼仪、艺文、乐、武功、衣冠、仪饰、服饰、舟、车、酒食、天、岁时、地19部，852卷，由于在类书中此书成书很早，辑录资料皆采自隋以前古籍，其中相当一部分本子已不传，故其文献价值颇高，尤其在辑佚、校刊古籍等功用上，更不容忽视。

唐代著名类书还有徐坚的《初学记》。徐坚，字元固，生于659年，湖州长城人。他自幼聪敏过人，被称为"异才"。后来举秀才及第，为集贤院学士，封东海郡公。由于徐坚多识典故，前后修撰格式氏族及国史等。

徐坚所辑《初学记》共30卷，分23部，取材于群经诸子、历代诗赋及唐初诸家作品，保存了很多古代典籍的零篇单句。此书的编撰原为唐玄宗诸子作文时检查事类之用，故名《初学记》。

大诗人白居易的《白氏六帖》亦是唐代类书之一。白居易生于772年，是继李白、杜甫之后唐代又一位大诗人，世称"李杜白"为唐代三大诗人。白居易在整理集贤院藏书时，使他有机会接触大量的藏书，这对他的文学创作有很大的影响。

白居易私家藏书颇富，建有藏书楼，名"池北书库"。而且还在家中放置数千瓶子，命人取诸经典籍中的诗文佳句，投于瓶中，后再分门别类，编撰了一部词语佳句类书《白氏经史事类六帖》，简称《白氏六帖》。

《白氏六帖》分为1367门，收录了唐代文献中最可贵的律、令、格、式的若干条文，律有擅兴律、贼盗律等，令有乐令、选举令、考课令、封爵令、丧葬令、户令、授田令、祠令、杂令等，格有仓部格、金部格、户部格、祠部格等，式有兵部式、祠部式、吏部式、考功式、户部式、主客式、水部式等。

到了北宋时期，宋王朝自开国皇帝宋太祖赵匡胤到宋太宗赵光义，统一事业已接近完成，政治比较稳定，经济上也出现繁荣景象。小说娱乐成为当时较为风行的文化消闲方式。

宋太祖从小就喜欢读一些古书，即皇帝位之后，读书风气不减，锐意文字，手不释卷。再加上他遵行"文以守成"的古训，他甚至要求朝中所有的武将都要大量读书，以便学会治理国家的本领。所以，书籍的搜取、整理和流传，便成了宋太祖刻意着力之处。

宋太宗也有尚文之心，并将小说作为消闲之资，但他毕竟是一国之主，读书自然要立足于用世与治道。于是，在977年，宋太宗下令中书侍郎李昉领导一班精通儒学的贤者扈蒙、李穆、徐铉、赵邻几、王克贞、宋白、吕文仲等12人开始编纂一部小说性质的类书《太平广记》。

　　早在上古时期，我国就非常重视治史，曾分别设立了记事和记言的史官，左史记事、右史记言。到了东汉末年，史官失其常守，博达之士，恐史废绝，便各记闻见，以备遗亡。从此，史学便渐突破官府藩篱向民间发展，学者们多抄掇旧史，自成一书，或起自人皇时代，或断之近代，各有其志，体例不一，而且许多委巷之说、迂怪之事也记录下来，真虚莫测，使得其渐与正史远离、区别开来。

　　到了魏晋时期，有一些文人或佛教徒，用古代的神话传说作材料，进行加工，创作了许多神仙鬼怪小说。到了唐代，小说得到进一步的发展，正史以外的"史氏流别"达到10种之多，诸如偏记、小录、逸事、琐言、郡书、家史、杂记、地理书、都邑簿等。

　　李昉组织人把从汉代到宋初的各种形式的小说，以及少量先秦古籍中的传说故事统统纳入书中，编纂成了《太平广记》一书。

　　《太平广记》全书共500卷，另有目录10卷，分52大类，150多小类。大类中卷数最多的是神仙类，共55卷，下面依次是鬼类40卷，报应类33卷，神类25卷，女仙类15卷，定数类15卷，再加上异僧12卷，再生12卷，妖怪9卷，龙8卷，精怪6卷，幻术4卷，妖妄3卷，释证3卷，夜叉2卷，悟前生2卷，神魂1卷，灵异1卷等，志怪内容占了全书大半，共汇集了6970多则故事，每则故事后都注明引自何书。

　　978年，《太平广记》成书，982年做成雕版。因成书于宋太平兴国年间，故叫《太平广记》。

　　《太平广记》所辑虽然主要是小说，但其中许多有关人事的故事，是当时的人所记录下来的当时的事，相当可信。所以《太平广记》对研究一些历史人物的事迹、各朝的典章、名物制度、地理、宗教、民俗、社会变迁、中外关系以及科技文化等方面的状况具有参考价值。

《太平广记》对于后世文学的影响非常大。宋代以后的话本、杂剧、宫调等多从《太平广记》一书中选取题材和转引故事，加以敷演；说话人至以"幼习《太平广记》"为标榜。比如明代著名文学家冯梦龙就依据该书改编为《太平广记钞》80卷。

除了《太平广记》外，宋太宗朝还编纂了《太平总类》一书。此书也是我国历史上著名的类书之一。

原来，在北宋初期，经过唐末、五代50多年的混战，书籍毁佚甚多，以至盛唐时期9万余卷官藏典籍"编帙散失，幸而存者，百无二三"。北宋初期，国家史馆藏书才万余卷。

为了搜取书籍，宋初在20年的时间里，朝廷先后把后蜀、南唐、北汉诸降国的书籍一并收来。除此之外，还采取奖励机制从民间广泛求书。宋太宗曾为此专门下诏，甚至具体列出需求书籍之名，对献书者都有丰厚奖励。由于宋朝积极求书，所以国家藏书激增，由开国之初的1万多卷，到太平兴国年间（976～983）增加到8万余卷。

由于各国书籍凌杂无序，而且雕版未盛行，大多典籍只有手抄本，不利于翻览和保藏，所以，宋太宗下诏翰林学士李昉、扈蒙、徐铉、张洎等臣，利用这些藏书，编类书1000卷，书名《太平总类》。

李昉领导编著《太平总类》一书时，根据《周易·系辞》中的"凡天地之五十有五"，把全书以天、地、人、事、物为序，分成55部，包括天部、时序部、地部、职官部、兵部、人事部、逸民部等。在各部下又分若干类，有些类下又有子目，大小类目共计约5474类，详略不一。

在编著过程中，李昉他们所征引的古书多达1689种，如果把诗、赋、铭、箴等都计算在内能达到2800多种。

《太平总类》977年成书以后，宋太宗每日读《太平总类》3卷，用了一年时间把此书读完，于是赐此书改名为《太平御览》。

《太平御览》是保存五代以前文献、古籍最多的一部，而且引书比较完整，多整篇整段文字，后代学者虽看不到原书，但从《太平御览》中可找到一些可贵的文献资料。

在宋代，科举以进士科最重，进士考帖经、墨义和诗赋。士人们除了要强记经义外，还要以声韵为务，所以，研习文字技巧非常重要。宋初作文与唐时一样盛行骈体，诗文风格主要沿袭晚唐风气，走的是绵密富丽的路子，朝廷的诏令制诰和士大夫的表启笺札，仍然通行骈四俪六的对偶，会写散文的也要会写四六，这就非熟悉典故、辞藻不可。在这种社会情形下，社会急需一部作文时作参考的类书。

于是，在《太平广记》早已完成，《太平御览》也接近定稿时，宋太宗即时下令从《太平御览》纂修中抽调学者李昉、宋白、徐铉等将近半数人力，加上翰林侍读学士杨徽之等共20多人，编纂了《文苑英华》。

《文苑英华》于982年下半年开始纂修，选材时限与《文选》相衔接，上自南朝梁代，下至晚唐五代。选录的作者近2200人，作品近 2 万篇。按文体分赋、诗、歌行、杂文、中书制诰、翰林制诰等39类。每类之中又按题材分若干子目，如赋类下分天象、岁时、地、水、帝德、京都等42小类。

书中约十分之一是南北朝作品，十分之九是唐人作品，多数是根据当时流传不多的抄本诗文集收录的。另外，《文苑英华》中收录不少诏诰、书判、表疏、碑志，校记里还附注有别本的异文，可以用以辑补校勘唐人的诗文集。

《文苑英华》于985年年底完成。宋真宗赵恒继帝位后又对此书进行了修订，但大体面貌没变。一方面因对先祖皇帝的敬慕不能大改，另一方面，也反映了宋真宗时期仍沿袭了这样的立场。

宋真宗因其父宋太宗诏修了《太平御览》等，便也想编一部大书和他父亲诏修的书媲美。所以，他在即位后的第八年，就命宰相王钦若和工部侍郎杨亿等人，自1003年开始编修一部具有政事历史百科全书性质的类书《历代君臣事迹》。并要求这本书专门辑录自上古到五代的历代君臣事迹，按事类、人物分门编撰；选用材料以"正史"为主，采用经、子等书，但不收杂史、小说。

王钦若和杨亿等人在编撰这部书时，打破时代局限，把五代以前的历朝史事都经过分门编类，把各朝同类事实集中排比，想查一个史实，查检一个门类，则历代同类事实全可见到。

然后，他们按照帝王、闰位、僭伪、列国君、储宫、宗室、外戚、宰辅、将帅、台省、邦计、宪官、谏诤、词臣、国史、掌礼、学校、刑法、卿监、环卫、铨选、贡举、奉使、内臣、牧守、令长、宫臣、幕府、陪臣、总录、外臣秩序，把全书共分为31部。

每部前面又写有《总序》，详述本部事迹的沿革，等于一篇小史；部下又分1104门，每门有《小序》，议论本门的内容，等于一篇总论。《小序》之后又罗列出历代人物事迹，各门材料按年代先后排列。全书的整理体例，细密而完善。

在编撰过程中，宋真宗不但经常亲自过问编修事宜，而且还亲自审阅，随时指示，随时修改。审阅时，宋真宗也学他父亲"日进三卷"的办法，一般都是当天看完，甚至看到深夜。

1013年，这部大型类书终于编撰完成。全书正文1000卷，目录10卷，音义10卷。库本约2.72多万页，总字数约940万字，约超过《太平御览》1倍。

这部书完成以后，宋真宗亲自为其作序，并且把书名改为《册府元龟》。"册府"就是典策的渊薮，书册的府库。"元龟"就是大龟，大龟是古代用以占卜的宝物。

《册府元龟》命名的含义就是，这部书是一部古籍的大龟，蕴藏丰富，可以作为君臣的鉴戒，是君臣上下行事借鉴的典籍，也就是"前事不忘，后事之师"的意思，目的是"为将来典法，使开卷者动有资益"。

《册府元龟》作为后世帝王治国理政的借鉴，采撷铨择了经、史、《国语》《管子》《孟子》《韩非子》《淮南子》《晏子春秋》《吕氏春秋》《韩诗外传》和历代类书，以及《修文殿御览》等书的内容以后，分类编纂。在体例上，还采用了编年体和列传体相结合的体例。

《册府元龟》与《太平广记》《太平御览》《文苑英华》合称"宋四大书"，而《册府元龟》的规模，居四大书之首，数倍于其他各书。由于该书征引繁富，也成为后世文人学士，运用典故，引据考证的一部重要参考资料。

1520年，到了我国明代嘉靖年间，河南汝南府确山县有个普通人家家里生了一个男孩，名叫陈耀文。陈耀文少年聪颖，自小过目不忘，被乡里誉为神童。12岁补庠生，1543年中癸卯科考举人，1550年中庚戌科考进士，授中书舍人。

中书舍人是个清差，喜好读书的陈耀文正好借此机会博览群书，为以后著述打下坚实基础。在此期间，陈耀文著有《正杨》一书，纠正文学家杨慎《丹铅录》150条错误。

陈耀文的才干逐渐得到朝廷的认可，升他为工部给事中，官至按察司副使，最后被提升为陕西太仆寺卿。他却认为自己年纪大了，来日无多，便请求告老还乡。

陈耀文回到故土确山以后，闭门谢客，开始专心于著述类书之事，因所居近天中山，故题书名为《天中记》。

《天中记》又名《寰海类编》。陈耀文依事物的性质将典籍、历史、小说、艺术、天文、地理、奇闻逸事等分门别类，尽收书中。全书200余万言，分类目796个，每类下又因事标目若干条，援引繁高，或于文前，或时语后注明出处，搜辑僻典遗文甚多，又间作考证，指出原书之讹文、误释，正历代类书之沿讹，精审多识，这是其他类书所不能比及的。

《天中记》取材广泛，采辑丰富，征引完备，是古代类书中较完善者。后来的清代大学者纪昀在《四库全书总目提要》中尤其称赞该书。《天中记》于清末重刊时，民族英雄林则徐曾亲手校勘并作跋。

1650年，正是清顺治七年，福建一个普通人家陈家家里诞生了一个男孩，取名陈梦雷。陈梦雷资质聪敏，少有才名。12岁中秀才，19岁中举人，20岁时成进士，为庶吉士，被授予编修之职。

1699年，清康熙皇帝任命陈梦雷为词臣、侍读，在内苑侍奉三皇子诚亲王胤祉读书。在此期间，陈梦雷恪尽职守，甚得胤祉好感。

在长期教学过程中，陈梦雷见当时的类书，要么"详于政典"，要么"但资辞藻"，有许多缺点，因此他决心编辑一部"大小一贯，上下古今，类列部分，有纲有纪"的大型类书。

此事得到胤祉支持，胤祉特拨给陈梦雷一间"协一堂"用于藏书，并在城北买"一间楼"，雇人帮助他缮写。自1701年秋开始，陈梦雷根据"协一堂"藏书和家藏图书共1.5万余卷，开始分类编辑。

在编辑过程中，陈梦雷离析每一部书的内容，再依据主题类聚。把各种书从以"图书"为单元，变为以"文献信息"为单元。之后，又依主题类聚成篇，分6大类，每一"汇编"下再分32个"典"。"典"之下又分"部"，形成：汇编、典、部的3层结构。

另外，陈梦雷把包括琐细

的史事与逸话亦可传者，笔记小说中的故事大量囊括为"纪事"；把凡是典籍中零碎的部分，考究欠真，难入"汇考"的，或议论偏驳，难入"总论"的，或文藻未工，难入"艺文"的，统收于"杂录"。同时，把古代作品及思想，荒唐难信的或譬喻臆造的，俱录于"外编"；平行列举，一目了然。

陈梦雷经过"目营手检，无间晨夕"的辛勤劳动，历时6年，终于在1706年把这部共1万卷的巨著《古今图书集成》修成。

《古今图书集成》这样一部大型类书，它既是经也是史，是子也是集，包括我国1.5万多卷经史子集的典籍，融合为一。

《古今图书集成》原名《文献汇编》或称《古今图书汇编》，由清康熙皇帝钦赐书名，清雍正皇帝写序，《古今图书集成》为此冠名"钦定"，历时两朝28年，采集广博，内容丰富，正文1万卷，目录40卷，共分为5020册，520函，42万余筒子页，1.6亿字。

全书按天、地、人、物、事次序全面展开，规模宏大、分类细密、纵横交错、文史哲学、经济政治、教育科举、百家考工等无所不包，图文并茂，成查找古代资料文献的十分重要的百科全书。

1721年，清圣祖康熙命总理事务大臣允禄和翰林院编修吴襄领导编纂的一部专门采集子书和史书中的材料，提供给文人查找词章和典故的类书。

早在三国曹魏时期，文人吟诗作赋时，采摘辞藻往往喜欢寻求一些典故和逸闻，以便押韵对句而用。于是，采掘群书、辑录各门类或某一门类的资料，随类相从而加以编排，以利寻检、引用的一种古典文献工具书类书《皇览》就出现了。

自从《皇览》以来，历代王朝都非常注重编纂大型类书。到了清康熙、雍正年间，朝廷编纂大型类书的传统被推向了又一高峰。

接到诏令后，允禄和吴襄便组织一个编撰班子，专辑诸子和史籍中的名言警句、出处和上下文等，然后分门别类地汇集成册，以供时人采摘，并将这本书取名《子史精华》。

《子史精华》是一部供采取典故、诗文、辞藻用的类书，全书160卷，分天、地、岁时、帝王、皇亲、文学、居处、灵异、珍宝、食馔、人事、礼仪等30部，子目280类。专采子、史部及少数经、集部书中有关社会情况、自然知识、学术文化等方面的名言隽句汇编成册。

此书采辑宏富，考核精良，句中引文裁剪得宜，连贯完整，并详注出处。为后人研究古代文化史、科技史提供了重要资料。

明清时期是我国封建社会的后期，文化虽然趋于保守，但绘画领域却出现许多富有特色的流派与个性强烈的画家，各领风骚，树帜画坛。

明初崇尚宋代画风的画家遍于宫廷、民间。清代画派林立，摹古、创新各行其道。清代文人画、西洋画对宫廷绘画产生了影响；随着商品经济的发展，文人还以画为生、以画泄愤，金石书法的刚健之风也融入了绘画。清代民间绘画更加世俗化、商品化。清代绘画呈现的奇变倾向，为我国近代绘画改革做好了准备。

知识点滴

# 高雅怡情的琴棋墨砚印专著

礼乐是我国古代文明的重要组成部分，早在西汉时期，孔子的再传弟子公孙尼子就作有儒家音乐专著《乐记》，汉成帝时被收入戴圣所辑《礼记》第十九篇。

《乐记》约5000余字，包括11子篇：《乐本篇》《乐论篇》《乐礼篇》《乐施篇》《乐言篇》《乐象篇》《乐情篇》《魏文侯篇》《宾牟贾篇》《乐化篇》和《师乙篇》。

《乐记》体大精深，以儒家思想为主，包容其他各派思想，谈到音乐的本源、音乐的特点、音乐与政治的关系、音乐与社会价值、音乐形式与内容的关系

等问题，余篇仅留篇目，由篇名看，涉及乐器演奏、音乐创造、音律
理论等问题。作为先秦儒学的美学思想的集大成者，其丰富的美学思
想，对两千多年来古典音乐的发展有着深刻的影响，并在世界音乐思
想史上占有重要的地位。

唐代时，有宰相段文昌之孙、太常少卿段成式之子段安节，山东
邹平人，自幼善音律，能自度曲，后为诗人温庭筠之婿，任朝议大
夫，官至吏部郎中、沂王傅。

段安节撰有《乐府杂录》，又名《琵琶录》《琵琶故事》，共一
卷。首列乐部9条，次列歌舞俳优3条、乐器14条、乐曲13条，最后是
《别识五音轮二十八调图》。此书兼及歌、舞与俳优，留下了唐代历
朝著名歌者和乐器演奏手的事迹，及舞蹈、技法、百戏的有关史料。

唐代教坊是古代管理宫廷音乐的官署，唐代开始设置，专管雅乐
以外的音乐、歌唱、舞蹈、百戏的教习、排练、演出等事务。它是唐
代宫廷乐伎聚居之地。教坊乐伎大多是女子，演出歌舞和乐曲，为皇

家宫廷服务。

唐玄宗开元年间，著作佐郎、左金吾卫仓曹参军崔令钦撰《教坊记》1卷，是唐代记述唐代教坊制度和逸闻的笔记。

羯鼓是一种古代打击乐器，南北朝时经西域传入中原，盛行于唐开元、天宝年间。唐玄宗李隆基及宰相宋璟等，都善于击羯鼓，以绝技著称，鼓曲因此风靡一时。

唐宣宗大中年间，洛阳令南卓经常与著名诗人白居易、刘禹锡宴会游玩，谈起当时传入我国的西域民族乐器羯鼓，白居易、刘禹锡便劝他写出来，于是南卓就撰写了《羯鼓录》。

《羯鼓录》分前、后二录。前录成于848年，后录成于850年。此书保存了关于唐代乐器羯鼓的珍贵资料，与《教坊记》一样，是研究唐代音乐艺术、宫廷生活和社会风气的重要典籍。

北宋时期，在文艺之风盛行的江苏苏州朱家诞生了一个男婴，取名朱长文，希望他长大后能以文立世。其祖朱忆官至刑部尚书，家有藏书2万卷。朱长文19岁中进士，因坠马伤足，家居凡20年，饱览群书，筑藏书楼为"乐圃坊"，当时有名人士大夫以不到"乐圃坊"为耻，其藏书多有珍本秘籍，"乐圃坊"藏书闻名于京师。

有宋一代，文教大昌。文史政治的实施，使宋王朝文化自初始之时就弥漫着浓郁的书卷气息，呈现出一种博大精深的人文气息，以致文教风流，浸润两宋。朱长文秉承着文人士大夫著书立说、彰显雅趣的传统，撰写了我国历史上第一部琴史专著《琴史》。

《琴史》共6卷，前5卷为历代琴家的述评，从先秦到北宋计156人，末卷为专题评论。作者将历代散见的有关材料首次作出汇集和整理，按一定体例编辑成书，并提出不少有价值的见解，是研究琴史的主要著作。

除《琴史》外，朱长文还有《乐圃文集》100卷，以及《琴台志》《墨池阅古》等音乐类专著。

到了明代，琴乐类专著主要有严澂1614年的虞山派传谱《松弦馆琴谱》，初版收22支曲，再版陆续增至29支曲。书中有编者所撰《琴川谱汇序》，批判了当时在琴曲中滥填文词的风气。本书为《四库全书》所收的明代唯一琴谱，在琴界有较大影响。

清代时，1677年休宁人程雄选定《松风阁琴谱》，收11支曲，均注明来源。其中包括韩石耕等人的传谱。另附《抒怀操》1卷，收37支曲。后人评价说：

谱中所增诸法，多出雄之新意，指法亦较他谱增倍。醉渔诸曲，更欲曼衍声调，以博趣于弦轸之外，可谓心知其意者。

"琴棋书画"是古人注重精神生活的四大雅事，因此，棋类和与书画相关的墨、砚、印，也成为日常评议的话题，这方面的文章、专著非常丰富。

古今之戏，流传最为久远者，莫如围棋，一般游戏都是为了热闹，而围棋则是"取其寂静"，这是对心智的考验与磨炼。

围棋相传起源于尧，到了春秋战国时便已有史料记载围棋活动了，一些关于围棋的简单理论也时有出现，"举棋不定"的典故便出自于《左传》之中。秦汉以后，随着围棋被重视的程度的加强，围棋论述也渐渐多了起来，但始终没有形成系统。

宋代对围棋的喜爱，之于前朝历代都有过之而无不及，从开国皇帝宋太祖、宋太宗直到宋徽宗，都对围棋情有独钟。"上若好之，下必甚焉"，在他们的积极倡导之下，宋代围棋活动极为普遍，老妪山翁、贩夫走卒皆可对弈，并涌现出了以一代棋坛宗师刘仲甫、李逸民为代表的大批杰出国手，宋代也成为第一个围棋圣朝。

宋代是我国围棋走向成熟、系统的开端，也是我国古代围棋的第一次高峰，后经过千年的发展演化，围棋战术逐渐成熟和提高，对战理论也趋于系统和完善。

宋代的印刷出版技术也发展到了一个空前的水平，这一切都呼唤着我国围棋史上一部经典著作的诞生。宋代李逸民编写的《忘忧清乐集》正是集围棋千年发展大成的第一部传世经典。

李逸民是宋代棋坛一代宗师，曾被钦点为翰林院棋待诏。"棋待诏"这一职务始于唐玄宗，宋代沿袭唐制。李逸民便是用他的《忘忧清乐集》记录了宋代的棋弈盛况。

宋代还出现了一部在我国围棋发展史上占有特殊地位的著作《棋经》，作者为北宋棋手、围棋理论家张拟。

《棋经》又名《棋经十三篇》，全书涉及规格等级、品德作用、术语、战略战术等，理论较为全面，还记载了一些善博弈者的名字，书中常引经传中的句子，来说明博弈之道由来已久，并用经典语作为每片的结尾：

虽小戏，亦归之于正，且隐藏绝大智慧。

宋代著名棋手还有山东济阳人刘仲甫，字甫之。他是宋哲宗、宋徽宗时独霸棋坛、所向披靡的大国手，居开封时为翰林院棋待诏，擅名20余年，人称其技艺较唐代王积薪高"两道"。他曾于1094年与名手杨中和、王珏、孙先会于彭城市楼联棋，是我国最早的联棋棋谱"成都府四仙子图"。

刘仲甫著有《忘忧集》《棋势》《棋诀》《造微》《精理》诸集，述其弈棋之技巧与心得，但只有《棋诀》存留后世。

《棋诀》包括布置、侵凌、用战、取舍四大部分，这是技巧部分，刘仲甫在最后言明弈棋之心得：

　　棋者意同于用兵，故叙此四篇，粗合孙吴之法。古人所谓"怯敌则运计乘虚，沉谋默战于方寸之间，解难排纷于顷刻之际。动静迭居，莫测奇正。不以犹豫而害成功，不以小利而妨远略"。此非浅见谀闻者能议其仿佛耳。

　　李逸民的《忘忧清乐集》收集了围棋理论著作3篇：张拟的《棋经十三篇》、刘仲甫的《棋诀》以及张靖的《论棋诀要杂说》，这些围棋理论著述，无不是我国围棋史上最早刊载的珍贵资料。

　　《忘忧清乐集》书名出自宋徽宗诗"忘忧清乐在枰棋"。甄选前代及本朝名家弈谱50余图局。其中记载的"孙策诏吕范弈棋局面""晋武帝诏王武子弈棋局"等图局，为最早的棋局，这对考察我国古代围棋脉络具有极高的史料和文献价值。

　　在墨、砚、印方面的专著，也自宋代文风极盛时开始产生。如《文房四谱》即为宋代苏易简撰，该书共5卷，分为《笔谱》《纸谱》《墨谱》《砚谱》，涉及笔、砚、纸、墨产生的根源、制造的工艺、流传的故事以及诗词赋文等内容。

　　《笔谱》卷集中介绍了蒙恬的狐毛笔制作方法，韦仲将的兔羊毫笔制作方法。《砚谱》卷对砚石的色泽、硬度、韧性、渗透性、冷热适应能力以及制作方法和外形等都有详细的介绍，同时还介绍了作澄泥砚法，这是我国古代造砚艺术的萌芽，也是我国古代制陶技术的一项重大革新。《纸谱》卷中说，造纸原料其实远不止破布、渔网，还介绍了用麻束造玉屑和屑骨等造纸技术。《墨谱》卷是第一次记载墨的生产工艺的文字。

《文房四谱》中各谱的体例大致相同，首先叙事，次讲制作，三是杂说，四为辞赋。叙事重在说明定义、沿革及产地；制作则重在介绍制造技术；杂说讲述典故和逸闻；辞赋汇集了有关赞咏"文房四宝"的诗词。全书首尾相映，浑然一体。

宋代墨、砚类专著还有唐积的《歙州砚谱》、高似孙的《砚笺》，以及无名氏的《歙砚说》《端溪砚谱》等。

元代棋手严德甫主编了一部比较著名的围棋著作《玄玄棋经》，又名《玄玄集》，由晏天章帮助整理刊刻。

《玄玄棋集》书名取自老子《道德经》的"玄之又玄，众妙之门"，用来比喻棋图著法精妙。因卷首冠以张拟的《棋经十三篇》，后人称《玄玄棋经》。

《玄玄棋经》分为"礼""乐""射""御""书""数"6卷，

内容比《忘忧清乐集》还要丰富。第一卷也是文字部分，收有班固《弈旨》、马融《围棋赋》、皮日休《原弈》、吕公《悟棋歌》《四仙子图序》、张拟《棋经十三篇》、刘仲甫《棋诀》等篇。二、三卷重点是边角走式，还有让子局谱和术语图解。四、五、六卷共有378个棋势图，是全书中最重要的部分。

本书虽有起手法、古遗局等，但重点放在100个死活题上。这些死活题不仅起名生动，如"野猿过水势""入穴取鱼势"等，而且质量极高，颇受棋界重视，曾多次翻印出版，广为流传。

元代篆刻家吾丘衍嗜古学，通经史百家言，工篆隶，谙音律，于1300年著有《学古编》，由《三十五举》《合用文集品目》和《附录》3部分所组成，叙述篆隶书体的演变及篆刻的章法与刀法等有关知识，是我国第一部专门研究印学的著作。

《三十五举》为此书主体，阐述篆隶演变及篆刻知识，甚多创获，故后人直呼该书为《三十五举》。

《学古编》提出的"篆法优先于印法"理论及其基本内容和结构形式，历来被许为印学史上最早的一部篆法与章法并举的经典著作，具有开创性意义。

　　吾丘衍的《学古编》影响很大，在后世多有续作，如明何震有《续学古编》2卷，清姚觐元有《三十五举校勘记》，桂馥有《续三十五举》《再续三十五举》各1卷。这些著作对我国印学理论体系的建立起到积极的推动作用。

　　清代乾隆年间，有皇家收藏的砚史著录《西清砚谱》所录各类砚计240枚，全书可以分两个部分：一部分是作为文物珍藏的自汉唐至宋元的砚，第二部分是明或清初的镌品。编著形式图文对照，所有砚的图形用工笔手绘，从各个方位来展示说明。《西清砚谱》存世有3种：文渊阁本、藏书阁本和文华堂本。

知识点滴

　　中华文化浩如烟海，古文化源远流长，说到中华文化追根溯源就不得不说古文化；说到古文化便不得不说琴棋墨砚。

　　我国古代关于琴、棋、墨、砚的专著非常多，充分显示了我国传统墨印文化的博大精深。从孔子再传弟子公孙尼子的音乐专著《乐记》，到清乾隆年间皇家收藏的砚史著录《西清砚谱》，通过这些专著，能让人们领略到琴棋墨砚的艺术魅力，感受文人雅士的气息，享受一下我国古文化的温馨与芬芳。

# 以古问证的鼎彝古币类专著

我国历史悠久，从石器时代以至夏商周开始制造生活、礼仪、战争等方面的器物，其历史时空在青铜白玉中凝固，文化古韵在红墙黄瓦间婉转，回首五千年文明，这些古代器物都凝结着令人荡气回肠的前尘故事。品赏这些古物，能够知古鉴今，格物致知，由此产生了"考古"这门文化。

我国古代记录介绍刀剑的专著，最著名的应首属南朝医药家、炼丹家、文学家陶弘景所撰的《古今刀剑录》。陶弘景字通明，曾参加过宝刀的冶炼，该书是作者研究刀剑冶炼的心得体会。

《古今刀剑录》记录了远自夏禹、近到梁武帝各个朝代所制宝刀、宝剑的数目，并对每一把刀剑的名称、尺寸、铸造过程以及铭文等，都作了详细的叙述。为研究我国古代刀剑工艺提供了珍贵的史料。

梁代西中郎行参军、中书舍人虞荔也著有《鼎录》一书，后被收入清代的《四库全书》《四明丛书》中。

"考古"这一名词则出现于宋代，北宋时期的金石学者吕大临，就曾在1092年著有《考古图》一书，对一些传世的青铜器和石刻等物进行搜集和整理。全书共10卷，比较系统地著录了当时宫廷和私家收藏的古代铜器、玉器。

《考古图》卷1至卷6为鼎、鬲、簋、爵等商周器，目列138器，实收143器。卷7为钟、磬等乐器，目列10器，实收15器。卷8为玉器，目列13器，实收9器。卷9、卷10为秦汉器，目列63器，实收67器。总共目列224器，实收234器。

《考古图》对每件器都精细摹绘图形、款识，记录尺寸、重量等，并尽可能地注明出土地和收藏处。所录器物的出土地可考者计90余器，出自陕西各地的占半数以上。

《考古图》在编排上注意到相互的共存关系。如卷3收"得之于河南河清"的

"单羿癸彝"，同时附录出土的鼎、瓯、簋、盉、甗5器。

编者又能根据器物的形制、文字和出土地推断年代。卷1"乙鼎"，即根据其"形制文字及所从得"，推定为商器。尽管所定器名，不无可商之处，但它的正确之处及学术价值仍不容怀疑，不失为我国最早而有系统的古器物图录，在著录古器物的体例上具有开创性的功绩。

宋徽宗宣和年间，由宋徽宗敕撰，宰相王黼编纂有《宣和博古图》30卷。1107年开始编纂，成于1123年之后。该书著录了宋代皇室在宣和殿收藏的自商代至唐代的青铜器839件。

《宣和博古图》集中了宋代所藏青铜器的精华。分为鼎、尊、罍、彝、舟、卣、瓶、壶、爵、觯、敦、簋、簠、鬲、镀及盘、匜、钟磬镈于、杂器、镜鉴等，凡20类。各种器物均按时代编排，每类器物都有总说，每件器物都有摹绘图、铭文拓本及释文，并记有器物尺寸、重量与容量。有些还附记出土地点、颜色和收藏家的姓名，对器名、铭文也有详尽的说明与精审的考证。

王俅的《啸堂集古录》成书约后于《宣和博古图》，2卷，著录商、周、秦、汉以来的青铜器及印、镜铭文345器。上为铭文摹本，下附释文。铭文间有删节脱漏，尤以镜鉴为甚。还收录了《滕公墓铭》

之类伪器，但摹刻较精，有研究价值。

明代宣德年间，礼部尚书吕震等奉敕编次《宣德鼎彝谱》8卷，初仅供进呈皇帝，不曾颁行于世，嘉靖年间流出宫禁，版本较多。该书前有华盖殿大学士杨荣序，亦题奉敕恭撰。

后有嘉靖甲午文彭跋，称出自于谦家。

《宣德鼎彝谱》卷1、卷2载所奉敕论及礼部进图式、工部议物料诸疏。卷3载工部请给物料疏及礼工二部议、南北郊至武学武成殿鼎彝名目。卷4载太庙至内府宫殿鼎彝名目。卷5载敕赐两京衙门至天下名山胜迹鼎彝名目，工部铸冶告成及补铸二疏，并褒奖敕一道。卷6、卷7、卷8通为详释鼎彝名义，凡某所某器仿古某式，皆疏其事实尺寸制度，一一具载之。

到了清代，考古之风依旧不减，乾隆皇帝十分重视文物典籍的收藏与整理，命将内府庋藏的鼎、尊、彝等青铜器分门别类，以便珍藏、鉴赏。

1750年，乾隆皇帝下旨，命吏部尚书梁诗正、户部尚书蒋溥、工部尚书汪由敦，率翰林仿宋宣和年编制的《博古图》样式，主要收录乾隆帝平日对青铜器的品题：

以内府所藏古鼎彝尊罍之属案器为图，因图系说，详其方圆围径之制，高广轻重之等，并钩勒款识，各为释文。摹绘精审，毫厘不失，则非往之图谱所能及。

乾隆帝亲自参与了《西清古鉴》的编著，和硕庄、和硕果亲王担任监理。编纂除梁诗正、蒋溥、汪由敦外，还有嵇璜、裘白修、金德英、观保、于敏中、董邦达、王际华、钱维成等重臣，涉及吏、户、工、兵、礼五部。"虽兼取欧阳修、董逌、黄伯思、薛尚功诸家之说，而援据经史，正误析疑，亦非欧阳修等所能及"。

梁诗正等人历时两年，终于完成了《御定西清古鉴》，全书21册，分40卷，共收录青铜器1529件。从内容到画工、书法及刊制都代表了当时国家成书的最高水准。

沿用此书体例，清朝又编纂了《西清续鉴》和《宁寿鉴古》两部书。《西清古鉴》成为文物图谱编纂的范本。

《西清古鉴》共40卷，附《钦定钱录》16卷，共收录自伏羲氏至明代崇祯年间钱币，以及外国货币、厌胜钱共500多种，书后附跋语一篇，署名梁诗正、蒋溥诸臣。上谕末钤"乾""隆""静挹山庄"3玺。

《西清古鉴》不仅是我国古代青铜文化宝贵的图文库，而且既可以赏读，又具有实用价值，是一本了解历史，欣赏艺术的好书。

知识点滴

考古学是根据古代人类活动遗留下的实物资料，来研究人类古代社会历史的一门学科，一般是指对含有美术价值的古物和古迹的研究，到了19世纪，才泛指对一切古物的研究。

考古学研究的对象是实物。主要是物质的遗存，或者说是遗物与遗迹。而这些遗存应该是古代人类的活动遗留下来的。鼎彝、泉币、碑版、壁画、雕塑、古陶器之类古代器物上面，多刻着表彰有功人物的文字或承载着历史故事，对考察古代生活有重要价值。

# 寓情于生的茶酒文化专著

　　传说神农在尝百草的时候，有一天他发现了几棵野生大树，其叶子有清香回甘之味，索性嚼而食之。食后更觉气味清香，舌底生津，精神振奋，熬煮汁水黄绿，饮之更佳。

　　神农大喜，于是依照"人"在"草""木"之间而为其定名为"茶"，并取其叶熬煎试服，发现确有解渴生津、提神醒脑、利尿解毒等作用。因此在百草之外，茶被认为是一种养生之妙药。

　　我国饮茶历史非常悠久，公元前1122年至公元前1116年，我国巴蜀地区

就有以茶叶为"贡品"的记载。春秋战国时期所编著的我国最早的词典《尔雅》中，始有记载周公饮茶养颜保健的逸事。而孔子所开创的儒家，在我国茶文化中首先倡导了"茶礼"文化。

到了西汉时期，著名辞赋家王褒《僮约》"烹茶尽具"的约定，是关于饮茶最早的可信记载。《僮约》中有"烹茶尽具""武阳买茶"，一般都认为"烹茶""买茶"之"茶"为茶。

两晋南北朝时期，茶量渐多，有关饮茶的记载也多见于史册。茶叶逐渐商品化，茶叶的产量也增加，不再将茶视为珍贵的奢侈品了。

唐朝一统天下后，修文息武，重视农作，从而促进了茶叶生产的发展。由于国内太平，社会安定，百姓能够安居乐业。随着农业、手工业生产的发展，茶叶的生产和贸易也迅速兴盛起来，成为我国茶史上第一个高峰。

唐朝饮茶之风的兴起，促使了"茶圣"陆羽的横空出世。他认真总结、悉心研究了前人和当时茶叶的生产经验，完成创始之作《茶经》。

《茶经》分3卷10节，约7000字。系统地总结了当时的茶叶采制和饮用经验，全面论述了有关茶叶起源、生产、饮用等各方面的问题，传播了茶业科学知识，促进了茶叶生产的发展，开我国茶道的先河。

《茶经》是我国古代非常完备的一部茶书，除茶法外，凡与茶有关的各种内容，都有叙述，以后茶书皆本于此。

"茶兴于唐而盛于宋"。两宋的茶叶生产，在唐代至五代的基础上逐步发展起来，全国茶叶产区又有所扩大，各地精制的名茶繁多，茶叶产量也有了大量增加。

宋徽宗赵佶对茶进行过深入的研究，他还写成了茶叶专著《大观茶论》一书，全书共20篇，对北宋时期蒸青团茶的产地、采制、烹试、品质、斗茶风尚等均有详细记述。其中"点茶"一篇，见解精辟，论述深刻。从一个侧面反映了北宋以来我国茶业的发达程度和制茶技术的发展状况，从而也推动了饮茶之风的盛行。

宋代著名书法家蔡襄有感于陆羽《茶经》，特地向皇帝推荐北苑

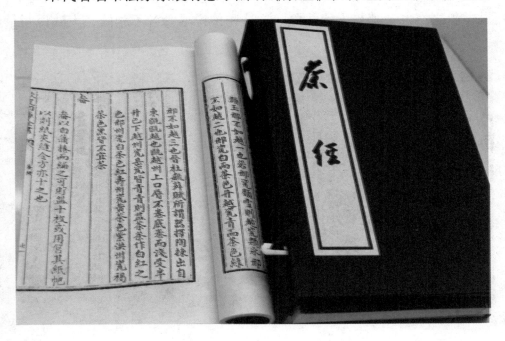

贡茶之作《茶录》，是继陆羽《茶经》之后最有影响的论茶专著。

《茶录》以记述茶事为基础，计上、下两篇，上篇论茶，分色、香、味、藏茶、炙茶、碾茶、罗茶、候茶、熁盏、点茶10目，主要论述茶汤品质和烹饮方法。下篇论器，分茶焙、茶笼、砧椎、茶钤、茶碾、茶罗、茶盏、茶匙、汤瓶9目。

继蔡襄《茶录》之后，论茶专著还有黄儒的《品茶要录》、熊蕃的《宣和北苑贡茶录》、宋子安的《东溪试茶录》、陆廷灿的《续茶经》、张又新的《煎茶水记》等。

与茶一样，我国制酒历史源远流长，在我国古书《世本》中，有"仪狄始作醪，变五味"的记载。

仪狄是夏禹时代司掌造酒的官员，相传是我国最早的酿酒人，女性。东汉许慎《说文解字》中解释"酒"字的条目中有："杜康作秫酒。"《世本》也有同样说法。更带有神话色彩的说法是"天有酒星，酒之作也，其与天地并矣"。这些传说尽管各不相同，大致说明酿酒早在夏朝或者夏朝以前就存在了。

我国酒类品种繁多，名酒荟萃，酒与中华文化、养生保健密切相关，因此历代都有论酒专著出现。

周武王灭掉商纣后，建立了周王朝。武王死后，成王继位，因其年少，由周公旦辅佐。为了汲取商因酒败亡的历史教训，使周王朝政权更加稳固，周公曾作《酒诰》以警戒之。

随着春秋至秦汉时期生产技术的进步，酒文化也取得了很大发展。东汉末年的建安年间，大臣曹操将家乡亳州的"九酝春酒"以及酿造方法献给汉献帝刘协，御医认为有健身功效，自此"九酝春酒"成为历代贡品。

在魏晋时期，文人饮酒之风极盛，出现了有名的"竹林七贤"，他们是晋代的7位名士，即阮籍、嵇康、山涛、刘伶、阮咸、向秀和王戎。刘伶还写了一篇著名的《酒德颂》。魏晋南北朝时出现了"曲水流觞"的习俗，把酒文化更向前推进了一步。

　　唐代由于疆土扩大，物质财富的增加，而粮食的储积对发展酿酒业提供了前提。再加上唐代文化繁荣，喝酒已不再是王公贵族、文人名士的特权，老百姓也普遍饮酒，酒类品种更加繁多，并由此开创了唐宋"诗酒文化"，李白、杜甫等伟大诗人都颇有酒名，并且有"饮中八仙"之说。

　　宋代的酿酒工业，在唐代普及和发展的基础上得到了进一步的发展。上至宫廷，下至村寨，酿酒作坊，星罗棋布。

　　宋仁宗时期，窦苹著有《酒谱》一书，他杂取有关酒的故事、掌故、传闻计14题，包括酒的起源、酒的名称、酒的历史、名人酒事、酒的功用、性味、饮器、传说、饮酒的礼仪，关于酒的诗文等，内容丰实，多采"旧闻"，且分类排比，一目了然，可以说是对北宋以前我国酒文化的汇集。

在我国古代的一些酿酒著作中，最系统最完整、最有实践指导意义的酿酒著作，则是北宋末期医学家朱肱的《北山酒经》，此书是对当时酿酒、饮酒的实践总结和理论概括。

《北山酒经》全书共分为上、中、下3卷。上卷为总论，论酒的发展历史；中卷论制曲；下卷记造酒，是我国古代较早全面、完整地论述有关酒的著述。

宋代张能臣曾著《酒名记》，收录了宋代天下酒名100多种，是我国古代记载酒名最多的书。

其中皇亲国戚家酿酒，无疑是酒中珍品。《酒名记》中的酒名，甚为雅致，具有博大精深的文化气息。例如：

后妃家的酒名有香泉酒、天醇酒、瑶池酒、瀛玉酒等；亲王家及

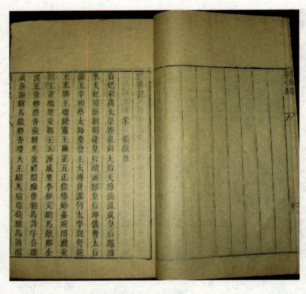

驸马家的酒名有：琼腴酒、兰芷酒、玉沥酒、金波酒、清醇酒等。

《酒名记》中还记载了很多地方名酒、如杭州竹味清、碧香、苏州木兰堂、白云泉、明州金波、湖州碧兰堂、汉州廉泉、果州香桂、银液、广州十八仙、齐州舜泉、曹州银光、登州朝霞等。

宋朝在京城实行官卖酒曲的政策，民间只要向官府买曲，就可以自行酿酒。所以京城里酒店林立，酒店按规模可分为数等，酒楼的等级最高，宾客可在其中寻欢作乐。《酒名记》中记载京城有名的酒店称为正店，有72处，其他酒店不可胜数。由于买酒竞争激烈，酒的质量往往是立足之本。

《酒名记》中共罗列了27种市店名酒，如：丰乐楼的眉寿酒、忻乐楼的仙醪酒、和乐楼的琼浆酒、遇仙楼的玉液酒、会仙楼的玉醑酒、时楼的碧光酒、高阳店的流霞酒、清风酒、玉髓酒等。

在两宋的文献和各种文学作品中，反映酒的甚多，还有《续北山酒经》《桂海酒志》《山家清供》《山家清事》《新丰酒法》《酒尔雅》《酒小史》《酒边词》等。

《续北山酒经》，宋李保撰。该著分经、温酒法两部。在经中说：

　　大隐先生朱翼中，壮年勇退，著书酿酒，侨居西湖上而老焉。屡朝廷大兴医学，求深于道术者，为之官师，乃起公为博士。与余为同僚。明年，翼中坐书东坡诗贬达州，又明年以官祠还，未至。余一旦梦翼中……得翼中北山酒经法而读之，盖有御魑魅于烟岚，转炎荒为净土之语，与梦颇契，余甚异。乃作此诗以志之……

　　看来，李保对朱翼中十分尊敬与钦佩。在温酒法中，记述了酿制各种曲和酒的方法。

　　《桂海酒志》，宋范成大撰。他在《桂海酒志》中说：余性不能酒，士友之饮少者，莫余若。而能知酒者，亦莫余若也。顷数仁于朝游王公贵人家，未始得见名酒。使北至燕山得其宫中酒号金兰，乃大佳。燕西有金兰上汲其泉以酿，及来桂林而饮瑞露，乃尽酒之妙，声震湖广，则虽金兰之胜，未必能颉颃也。瑞露，帅司公厨酒也。经抚所前有井清洌汲以酿，遂有名。今南库中自出一泉，近年只用库井酒乃佳。古辣泉，古辣本宾横间，墟名以中泉酿酒，既熟不煮，埋之地中，日足取出。老酒，以麦曲酿酒，密封藏之可数年，士人家尤贵重。每岁腊中家家造酢，使可为卒岁计。有贵客，则设老酒，各酢以示勤，婚娶亦示老酒为厚礼。

《酒小史》，宋代宋伯仁撰。伯仁，字器之，号雪岩，广平人，一作湖州人，嘉熙时为盐运司属官。所著只记载一些酒名，共100余种，如汀州谢家红、荥阳土窟春、杨世昌蜜酒等。

　　唐宋是我国茶酒文化大发展时期，在唐宋的文献和文学作品中，经常会提及酒名，或以原料称之，或以色泽呼之，或以产地名之，或以制法言之，据粗略统计，有五六十种之多。特别值得提出的是，后世一些名酒，如西凤酒、五粮液、汾酒、绍兴酒、董酒等，大多可在宋代酒诗中找到，在中华酒文化发展史上，有重要的研究价值。

# 异彩纷呈的花鸟虫鱼专著

　　花鸟虫鱼虽然是大自然中普通的动植物，但是在我国传统文化中，赋予了其深度的内涵，自古以来多有花鸟派大画家出现。

　　两宋时期，是我国古代花鸟画空前发展，并取得重大成就的时期，宫廷中装堂饰壁务求华美，使花鸟画在美术中占有重要地位。

花鸟不仅书画作品中多有呈现，而且还融入了人们的日常生活中，陶冶了人们的情操，使生活更加富有情趣，因此也有诸多专著。

牡丹被誉为我国的"国花"，颇受文人推崇。如北宋大诗人欧阳修著有《洛阳牡丹记》，全文约2700余字，分3篇：一曰"花品叙"，列出牡丹品种24个。指出牡丹在我国生长的地域，认为"出洛阳者今为天下第一"；二曰"花释名"，解说花名由来；三曰"风俗记"，记述洛阳人赏花、种花、浇花、养花、医花的方法，并说为将花王送到开封供皇帝欣赏，采用了竹笼里衬菜叶及蜡封花蒂的技术。

我国宋代的牡丹书还有张邦基《陈州牡丹记》、陆游《天彭牡丹谱》等。除牡丹外，尚有其他花类。

到了明代，浙江石布政使王象晋在家督率佣仆经营园圃，积累了一些实践知识，并广泛收集古籍中有关资料，用10多年时间编成了介绍栽培植物的著作《二如亭群芳谱》，简称《群芳谱》。

《群芳谱》全书30卷内容按天、岁、谷、蔬、果、茶竹、桑麻、葛棉、药、木、花卉、鹤鱼12谱分类，记载植物达400余种，每一植物分列种植、制用、疗治、典故、丽藻等项目，其中观赏植物约占一半，对一些重要花卉植物收集了很多品种名称。

到了清代，清圣祖康熙命汪灏等人就王象晋《群芳谱》增删、改编、扩充，于1708年成书，原名《御定佩文斋广群芳谱》，简称《广群芳谱》。

《广群芳谱》全书100卷，分为天时、谷、桑麻、蔬、菜、花卉、果、木、竹、卉、药11个谱。汪灏等人大幅度改编《群芳谱》，对其篇目有分有合，删去了其中一些和农事无关的内容，对原书引文错误及脱漏之处，一一加以补正。经过改编，全书形式整齐划一，内容严谨充实，取材也较丰富，减少了矛盾重复之处，可视为一部新书。

凡是原书保留下来的旧条文，开头皆注有"原"字，新增内容则开头处用"增"字标明，很易区别。玄烨本人所写诗赋，则以"御制诗"标明，归集在诸条集藻项下。

关于"虫鱼"即动物类的专著，历代也多有呈现，如越陶朱公《养鱼经》、秦李伯乐《相马经》。

《养鱼经》为春秋末年范蠡所著，是我国最早的养鱼著作，共一卷。范蠡晚年居陶，称朱公，后人遂称之为陶朱公，故本书又名《陶朱公养鱼经》《陶朱公养鱼法》《陶朱公养鱼方》等。东汉初年已出现，《世说新语·任诞篇》注文所引《襄阳记》中有汉光武帝时"侍中习郁于岘山南，依《范蠡养鱼经》作鱼池"的记载。

本书后存共 400 余字，以问对形式记载了鱼池构造、亲鱼规格、雌雄鱼搭配比例、适宜放养的时间以及密养、轮捕、留种增殖等养鲤方法，与后世方法多相类似，是我国养鱼史上值得重视的珍贵文献。

伯乐原名孙阳，春秋中期郜国人。在秦国富国强兵中，作为相马立下汗马功劳，得到秦穆公信赖，被封为"伯乐将军"。伯乐后来将毕生经验总结写成我国历史上第一部相马学著作《伯乐相马经》。

在湖南长沙马王堆三号汉墓中有大批珍贵文献资料帛书，其中就有一部为《相马经》，这是我国动物学、畜牧学的重要古代文献，是早已失传的《伯乐相马经》的抄本。

《相马经》帛书残片存77行，约5200字，其中残缺500字。内容包括经、传、故训3部分。其主要是对马头部和有关相马的理论，如对马的目、睫、眉、骨等部位的相法，全文用隶书书写，间有米丝栏。

　　作者在15个相连贯的答问中，从马的盈满程度、眼的光泽、眼的活动能力、睫毛和眼外肌的功能等，说明与马是否善走的关系。

　　《相马经》其行文近似赋体，较有文学色彩，提供了历史文献上从未见过的古代关于相畜方面的材料，证实了我国古代相马有着悠久的历史。

　　鹤是"国鸟"。在所有的鸟中，鹤最具文化象征，外貌清雅高贵，心灵纯正无瑕，智慧深邃，还是吉祥长寿的象征。

　　浮丘伯养鹤，也自比于鹤。《相鹤经》描述鹤：

　　　夫声闻于天，故顶赤；食于水，故喙长；轩于前，故后趾短；栖于陆，故足高而尾凋；翔于云，故毛丰而肉疏。且大喉以吐故，修颈以纳新，故天寿不可量。所以体无青黄二色者，土木之气内养，故不表于外也。是以行必依洲屿，止不集林木，盖羽族之清崇者也。

其相曰：瘦头朱顶则冲霄，露眼黑睛则视远，隆鼻短喙则少眠，鞋颊宅耳则知时，长颈竦身则能鸣，鸿翅鸽膺则体轻，凤翼雀尾则善飞，龟背鳖腹则伏产，轩前垂后则能舞，高胫粗节则足力，洪髀纤指则好翘。圣人在位，则与凤凰翔于郊甸。

相传后来浮丘伯得道成仙，后世将其与安期生、洪崖等人作为仙人的代称，《相鹤经》自然成了浮丘伯得道的代表作。

传说浮丘伯将《相鹤经》传给了王子晋，西汉崔文子向王子晋学道，得到了《相鹤经》的文字，后游学到嵩山，藏在嵩山石室中。后淮南八公采药得之，遂传于世。

后世的《相鹤经》已经历代爱鹤之士的增删修改，不断完善，但宗旨原神一定是浮丘伯的。

秦汉时期的虫鱼类专著，较著名的如朱仲的《相贝经》。

至宋代，虫鱼类的专著比较多，北宋陈景元所辑的《相鹤经》是我国最早的辑佚之书。另外，如贾似道著有《促织经》，傅肱著有《蟹谱》，高似孙著有《蟹略》。

贾似道是宋理宗时的丞相，他的《促织经》是世界上第一部研究蟋蟀的专著。《促织经》共两卷，分论赋、论形、论色、决胜、论养、论斗、论病等诸章，系统描写了蟋蟀的种类、形态、养法等，对蟋蟀进行了详尽的论述。

蟹之美丽，不仅在其美味，更在于其融入到历史文化的方方面面，已经点点滴滴地融入了人们的文化生活里。

我国历史上有关蟹的谱录，主要有北宋傅肱的《蟹谱》、南宋高似孙的《蟹略》。二书前后相继，各有所长，互相辉映。

傅肱字自翼，其自署曰怪山。著有《蟹谱》二卷，共6000字左右，分总论、上篇、下篇及纪赋咏4个部分；总论言简意赅、形象生动，是一篇可圈可点的记录蟹况的散文。

《蟹谱》上篇撷拾旧文42条，视野甚为广阔，将蟹又称"郭索""无肠公子"、春秋吴国的"稻蟹不遗种"、东晋毕卓最早倡导酒蟹匹配"右手持酒杯，左手持蟹螯"等话题从典籍中挖出，更加引人瞩目，是对蟹文化的第一次钩稽。

而下篇则为傅肱自记见闻，广集北宋蟹事23条，在当时是鲜活的记录，既是珍贵的史料，亦为该书最有价值的部分；纪赋咏抄录了唐代诗人皮日休和陆龟蒙一赠一答的两首咏蟹诗。

傅肱推原历史，排比现状，使《蟹谱》成为开山之作，为历代许多丛书所收录，所引《唐韵》17条亦成了我国古代韵书的"活化石"，其零星的影响自不待言。

高似孙的《蟹略》约2万字，共分为4卷。除"郭索传"外为12门，每门之下分条记载，多取蟹字为条目名称，后系以典籍语录和诗人诗句，较之《蟹谱》，篇幅更多，分条更细，材料亦更为丰富。

高似孙的锐意搜索和繁富采撷，也使得《蟹略》有了极强的辑佚作用，且不论其对《事始》《三国典略》等史籍部分史述的存留，单其所涉306首、句诗篇中，包括刘攽、曾几等人逸诗26首，独具文献价值。

到了明代，比较著名的动物类专著如黄省曾的《养鱼经》，杨慎的《异鱼图赞》。

黄省曾是明代著名学者，一生著述颇丰，内容涉及经学、史学、地理、农学等多方面，其《养鱼经》又名《种鱼经》《鱼经》，刊行于1573年至1618年间。全书共3篇：一之种、二之法、三之江海诸品，分别讲鱼秧、养鱼的方法及鱼的种类。书中记述了鲟、鲈、鳓、鲳等19种鱼类，主要记载鱼苗培育、成鱼饲养及长江下游海水鱼类和淡水鱼类的性状，反映了明代后期苏南地区的养鱼技术。

此外，书中"鬻时可去大而存小"、投饵"须有定时"的记载，说明明代已有"轮捕轮放"和投饲"四定"即定质、定量、定时、定位等养鱼技术。

此书还最早记载了我国的鲻鱼半咸水人工养殖活动。尤其书中还指出河豚的毒性、鉴别和解毒之法：

> 有大毒能杀人，无颊无鳞，与口目能开合，能作声，是鳞中之毒品也。凡烹调也，腹之子、目之精、脊之血必尽弃之……俱不可食。凡洗宜极净，煮宜极热，治之不中度，不熟，则毒于人。中其毒者，水调槐花末或龙脑水，或至宝丹，或橄榄子，皆可解也。

可见，当时人们不但已了解河豚的毒性，而且在鉴别与解毒方面，都积累了丰富的知识。

此外，黄省曾还著有《兽经》1卷，《蚕经》1卷，与他的《稻经》《鱼经》合称为《农圃四书》。

明代三大才子之首杨慎的《异鱼图赞》是我国古代一部重要的鱼类著作，写于1544年，《异鱼图赞》为杨慎考订博物之名著，文章渊雅。杨慎在《异鱼图赞引》中云：

> 有西州画史，录南朝《异鱼图》将补绘之。予阅其名多舛错，文不雅驯，乃取万震、沈怀远之物志，效郭璞、张骏之赞体，或述其成制，或演以新文。其辞质而不文，明而不晦，简而易尽，韵而易讽，句中足征，言表即见……

《异鱼图赞》中的"赞"，文风古雅，在"题"中，凭借其广博的学识，较为广泛地征引典籍加以解释说明，既在内容上突出异鱼之独特性，更注重广泛地引用以资证明，不仅仅是对所记对象的形状的说明和描摹。

清代胡世安根据杨慎的《异鱼图赞》，著有《异鱼图赞笺》《异鱼图赞补》等。

知识点滴

古代先民在比较低下的物质条件下，却能够通过文字丰富、活跃精神文化生活，将情感寓于琴棋书画、茶酒花鸟之中，以珍惜、宽容、乐观的态度对待生活、对待人生，并且凭着自己的生活感受和人生体验，对现实生活中的是非、善恶、美丑作出正确的价值判断。

在这些文字形成的著作中，古人不仅描述了花种、鸟性、兽习、鱼乐，而且在花香鸟语中抒发自己对生活的真实感受。反映出中华传统文化中的精髓。